Michael P. Wurst

Integrale Mediation

Einsatz von Spiral Dynamics und AQAL in der Mediationspraxis

Wurst, Michael P.: Integrale Mediation: Einsatz von Spiral Dynamics und AQAL in der Mediationspraxis, Hamburg, Igel Verlag RWS 2014

Buch-ISBN: 978-3-95485-050-1
PDF-eBook-ISBN: 978-3-95485-550-6
Druck/Herstellung: Igel Verlag RWS, Hamburg, 2014

Bibliografische Information der Deutschen Nationalbibliothek:
Die Deutsche Nationalbibliothek verzeichnet diese Publikation in der Deutschen Nationalbibliografie; detaillierte bibliografische Daten sind im Internet über http://dnb.d-nb.de abrufbar.

© Igel Verlag RWS, Imprint der Diplomica Verlag GmbH
Hermannstal 119k, 22119 Hamburg
http://www.diplomica.de, Hamburg 2014
Printed in Germany

Inhaltsverzeichnis:

Literaturverzeichnis:

Bandler, *Richard* / **Grinder**, *John*: Metasprache & Psychotherapie – Struktur der Magie I, Paderborn 2005 (zit.: *Bandler/Grinder*, Magie I)

Bandler, *Richard* / **Grinder**, *John*: Kommunikation & Veränderung – Struktur der Magie II, Paderborn 2001 (zit.: *Bandler/Grinder*, Magie II)

Beck, *Don Edward* / **Cowan**, *Christopher C.*: Spiral Dynamics – Leadership, Werte und Wandel, Bielefeld 2007 (zit.: *Beck/Cowan*, Spiral Dynamics)

Dilts, *Robert B.*: Die Veränderung von Glaubenssystemen – NLP-Glaubensarbeit, Paderborn 1993 (zit.: *Dilts*, Veränderung)

Dilts, *Robert B.*: Professionelles Coaching mit NLP – Mit dem NLP-Werkzeugkasten geniale Lösungen ansteuern, Paderborn 2005 (zit.: *Dilts*, Coaching)

Grinder, *John* / **DeLozier**, *Judith*: Der Reigen der Daimonen – Vorbedingungen persönlichen Genies, Paderborn 1995 (zit.: *Grinder/DeLozier*, Daimonen)

Haft, *Fritjof* / **Schlieffen**, *Katharina Gräfin von*: Handbuch der Mediation – Verhandlungstechnik Strategien Einsatzgebiete, 2. Auflage, München 2009 (zit.: *Haft/Schlieffen*, Handbuch)

Ponschab, *Reiner* / **Schweizer**, *Adrian*: Schlüsselqualifikationen – Kommunikation · Mediation · Rhetorik · Verhandlung · Vernehmung, Köln 2008 (zit.: *Ponschab/Schweizer*, Schlüsselqualifikationen)

Wilber, *Ken*: Eine kurze Geschichte des Kosmos, Frankfurt am Main 1997 (zit.: *Wilber*, Geschichte)

Wilber, *Ken*: Eros, Kosmos, Logos – Eine Jahrtausend-Vision, Frankfurt am Main 2001 (zit.: *Wilber*, Eros, Kosmos, Logos)

Wilber, *Ken*: Integrale Psychologie – Geist, Bewußtsein, Psychologie, Therapie, Freiamt 2001 (zit.: *Wilber*, Integrale Psychologie)

Wilber, *Ken*: Das Wahre, Schöne, Gute – Geist und Kultur im 3. Jahrtausend, Frankfurt am Main 2002 (zit.: *Wilber*, Das Wahre, Schöne, Gute)

Wilber, *Ken*: Integrale Spiritualität – Spirituelle Intelligenz rettet die Welt, München 2007 (zit.: *Wilber*, Integrale Spiritualität)

Abkürzungsverzeichnis:

3PM	Third Party Manager
AG	Aktiengesellschaft
AQAL	alle Quadranten, alle Level, alle Linien, alle Zustände und alle Typen
BAU	Business as usual
CM	Content Manager
DNA	Desoxyribonukleinsäure
dt.	deutsch
f.	folgende
ff.	fortfolgende
ggf.	gegebenenfalls
GmbH	Gesellschaft mit beschränkter Haftung
ISA	Integraler Ansatz aus Spiral Dynamics und AQAL
NLP	Neurolinguistische Programmierung
ÖPNV	Öffentlicher Personennahverkehr
Rn.	Randnummer
s.	siehe
S.	Seite/Seiten
s.a.	siehe auch
SMS	Short Message Service
SPG	Service Partner Group
SMI	Single Management Interface
u.a.	unter anderem
US	United States
vgl.	vergleiche
z.B.	zum Beispiel
zit.	zitiert

A. Vorbemerkungen

Die hier vorliegende praxisorientierte Untersuchung vermittelt dem Leser einen integralen Ansatz aus Spiral Dynamics und AQAL für den Einsatz in der Mediation. Hierzu werden zunächst die beiden grundlegenden Theorien Spiral Dynamics (B.) und AQAL (C.) vorgestellt. Diese notwendigerweise recht kurzen Vorstellungen vermitteln dem Leser die erforderlichen Grundkenntnisse für die nächsten Abschnitte; die weiterführenden Literaturhinweise ermöglichen dem interessierten Leser, sich ein tieferes Wissen zu erarbeiten. Der dann folgende Abschnitt (D.) entwickelt aus beiden Theorien einen integralen Ansatz und zeigt auf, wie sich dieser für die Medianten und den Erfolg des Mediationsverfahrens Gewinn bringend in der Mediation einsetzen lässt. Den eigentlichen Hauptteil bildet der anschließend vorgestellte Praxisfall (E.), der dem Leser aufzeigt, wie – in welchen Phasen und in welchen Konstellationen – der vorgestellte integrale Ansatz nun seine Wirkung entfalten kann. Um dies möglichst plastisch zu gestalten, wurde die auf einem tatsächlich von mir begleiteten Fall basierende Schilderung in Form einer Geschichte verfasst. Den Abschluss bilden einige Schlussbemerkungen (F.), die die möglichen Risiken beim Einsatz des integralen Ansatzes beleuchten.

B. Einführung in Spiral Dynamics

I. Grundlagen

Spiral Dynamics ist eine kultursoziologische Theorie, die Don Beck und Chris Cowan auf Basis der Arbeiten von Clare W. Graves[1], einem US-amerikanischen Psychologen, entwickelt haben. Graves hatte auf Basis von weltweit gesammelten Forschungsdaten aus den Jahren 1952 bis 1959 eine unter anderem als „The Emergent Cyclical Levels of Existence Theory"[2] (ECLET) bezeichnete Theorie entwickelt; diese geht davon aus, dass der Mensch in Folge der zwischen äußeren Bedingungen und innerem neuronalen System stattfindenden Interaktion neue bio-psycho-soziale Aktionssysteme bildet, die fähig sind, aufgetretene existenzielle Probleme zu lösen und zudem in der Lage sind, das neue Szenario zu verstehen. Beck und Cowan bezeichnen diesen Zusammenhang als die Abfolge von „Neue Zeiten, neues Denken", was zum Ausdruck bringen will, dass neue Herausforderungen zu einer kontroversen, ja vielleicht sogar revolutionären Sicht der menschlichen Natur führen[3]. Graves Model der Ebenen der menschlichen Existenz setzen Beck und Cowan nun in Zusammenhang mit dem Konzept der „Meme", das durch den britischen Biologen Richard Dawkins[4] eingeführt und durch den Psychologen Mihaly Csikszentmihalyi[5] erweitert wurde. Der von Dawkins eingeführte Begriff der Meme ist als psychologisches Gegenüber zu den biochemischen Genen zu verstehen: was Gene für unsere biochemische DNA sind, sind Meme für unsere psychologische DNA. Danach umfassen Meme Verhaltensanweisungen, die von einer Generation an die nächste weitergegeben werden[6].

In Spiral Dynamics wird zudem noch ein wellenartiges Meta-Mem angenommen, ein „System" bzw. „Werte-Mem". Diese kurz als [W]Meme bezeichneten Meme sind Organisationsprinzipien, die auf die von Dawkins und Csikszentmihalyi beschriebenen, inhaltlich angereicherten Meme wie Attraktoren wirken. Nach Beck und Cowan strukturieren

---

[1] * 21. Dezember 1914 in New Richmond, Indiana; † 3. Januar 1986.
[2] Dt.: Die zyklisch auftauchenden Ebenen der Existenztheorie.
[3] Siehe *Beck/Cowan*, Spiral Dynamics S. 29.
[4] * 26. März 1941 in Nairobi, Kenia.
[5] * 29. September 1934 in Fiume (Rijeka), damals Italien, heute Kroatien.
[6] Ausführlich hierzu *Beck/Cowan*, Spiral Dynamics S. 33f.

^{W}Meme das Denken, die Wertesysteme und die politische Form sowie Weltsichten ganzer Zivilisationen[7].

Die ^{W}Meme verfügen über fünf zentrale Eigenschaften[8]:

1. ^{W}Meme bringen die zentralen Intelligenzen zum Ausdruck, die Systeme bilden und menschliches Verhalten bestimmen.
2. ^{W}Meme beeinflussen alle Lebensentscheidungen.
3. ^{W}Meme bringen sowohl gesunde (verbessernde) als auch ungesunde (verschlechternde) Eigenschaften hervor.
4. ^{W}Meme sind Denkstrukturen.
5. ^{W}Meme können sich mit veränderten Lebensbedingungen verstärken oder abschwächen.

Eine Betrachtung dieser fünf Eigenschaften lässt erkennen, dass ^{W}Meme hiernach keine starren oder sich nur langsam verändernden Strukturen sind, vielmehr sind die ^{W}Meme ständig in Veränderung, egal, ob in einem einzelnen Menschen oder in gesellschaftlichen Strukturen. Auch existieren in einem Menschen mehrere ^{W}Meme nebeneinander, nicht nur das zuletzt erreichte[9]. Trotz dieser unbestreitbaren Koexistenz mehrerer ^{W}Meme lässt sich festhalten, dass bei einer Momentaufnahme einer Person häufig ein das Denken dominierendes ^{W}Mem identifiziert werden kann, aber auch, dass eine Jahre später vorgenommene Momentaufnahme ein anderes ^{W}Mem als dominierend wird aufzeigen können oder gerade keine Veränderung im Denken zeigen kann[10].

Nach dieser kurzen Darstellung der Grundlagen von Spiral Dynamics soll nun eine Vorstellung der acht charakteristischen ^{W}Meme erfolgen, die bisher in Erscheinung getreten sind.

---

[7] Siehe auch *Beck/Cowan*, Spiral Dynamics S. 34.
[8] Ausführlich zu den fünf zentralen Eigenschaften s. *Beck/Cowan*, Spiral Dynamics S. 48ff.
[9] Siehe hierzu auch das 6. Prinzip in *Beck/Cowan*, Spiral Dynamics S. 84f.
[10] Siehe auch die sechs Beispiele hierzu in *Beck/Cowan*, Spiral Dynamics S. 39ff.

II. Die acht [W]Meme – Die acht Stufen

Nach Beck und Cowan sind bisher acht charakteristische [W]Meme in Erscheinung getreten, um die herum sich Ideen und Glaubensvorstellungen gruppieren[11].

Die folgenden Tabellen geben eine Übersicht über diese acht [W]Meme, wobei die erste Tabelle neben der grundlegenden Einführung der Bezeichnungen bzw. Farbcodes[12] auch einen groben Zeitrahmen für das erste Auftreten der [W]Meme sowie den geschätzten Anteil an der Bevölkerung, bei dem das jeweilige [W]Mem dominiert und eine Beschreibung der gesellschaftlichen Organisationsstruktur in durch das jeweilige [W]Mem beherrschten Gesellschaften, gibt. Der Fokus der ersten Tabelle ist damit eher global, während derjenige der zweiten eher auf Individuen gerichtet ist. Die zweite Tabelle gibt dementsprechend Auskunft über die Form der Ich-Identität, den entwicklungspsychologischen Zeitpunkt des Inerscheinungtretens des [W]Mems, das Grundthema, welches Menschen im Zustand eines dominierenden [W]Mems primär bewegt sowie Antrieb und Haupttätigkeit dieser Individuen.

Anzumerken bleibt, dass beide Tabellen nur einen kurzen Ausblick gewähren können, die erste auf der gesellschaftlich, historisch, globalen Ebene, die zweite auf der Ebene des Individuums. Eine umfassende Beschreibung der acht [W]Meme findet sich im dritten Teil des Buches von Beck und Cowan[13], dem interessierten Leser sei die Lektüre empfohlen, insbesondere wenn er eine praktische Anwendung in Erwägung zieht.

---

[11] Siehe die erste kurze Vorschau hierzu in *Beck/Cowan*, Spiral Dynamics S. 49.
[12] Zur Frage der Bezeichnung s.a. *Beck/Cowan*, Spiral Dynamics S. 90f.
[13] Siehe *Beck/Cowan*, Spiral Dynamics S. 295ff.

WMem	Kurzname	erstes Auftreten entsprechender Lebensbedingungen	Organisationsstruktur der WMem-Netzwerke	Anteil an der Bevölkerung heute (geschätzt)[14]
beige Das „Überlebens"-WMem	Überlebenswille	Vor 100.000 Jahren	Schar Ein natürlicher, instinkthafter Zustand	0,1 %
purpur Das „magische"-WMem	Ahnengeister	Vor 50.000 Jahren	Stamm Mysteriös und furchterregend	10 %
rot Das „impulsive"-WMem	machtvolle Götter	Vor 10.000 Jahren	Imperium Die Welt als Dschungel	20 %
blau Das „zielgerichtete"-WMem	richtig/falsch	Vor 5.000 Jahren	Autoritätsstruktur Von einer absoluten Macht kontrolliert, einem höheren Sinn verpflichtet	40 %
orange Das „Erfolgs"-WMem	Erfolgsstreben	Vor 650 Jahren	Strategisches Unternehmen Voller Alternativen und Möglichkeiten	30 %
grün Das „gemeinschaftsorientierte"-WMem	Beziehungen	Vor 150 Jahren	Soziales Netzwerk Der allen Menschen gemeinsame Lebensraum	10 %
gelb Das „integrative"-WMem	wechselndes Fließen	Vor 60 Jahren	Systemischer Prozess Komplexes, von Kollaps bedrohtes System	1 %
türkis Das „holistische"-WMem	globale Perspektive	Vor 40 Jahren	Holistischer Organismus Behutsam im Gleichgewicht gehaltene, ineinandergreifende Kräfte	0,1 %

Tabelle 1: Zusammenfassende Darstellung der WMeme[15]

---

[14] Die Prozentwerte wurden *Beck/Cowan*, Spiral Dynamics, S. 458f. entnommen und ergeben auch dort mehr als 100 %.
[15] Nach *Beck/Cowan*, Spiral Dynamics, S. 49, 55ff., 64f., Lesezeichen zum Buch.

Stufe	Form der Ich-Identität	Entwicklungs-psychologisch	Grundthema	Antrieb	Haupttätigkeit
beige *Instinktiv*	impulsiv, präkonventionell	Nach der Geburt und vor dem Tod	Tu, was du für dein Überleben tun musst	Lebt von der Hand in den Mund	Instinkte und angeborene Sinne schärfen
purpur *Animistisch*	egozentrisch, präkonventionell	Kindheit	Die Geister zufrieden stellen und das Nest des „Stammes" warm und sicher halten	Die Geister besänftigen und sich mit anderen zusammenschließen	Harmonie und Sicherheit in einer geheimnisvollen Welt suchen
rot *Egozentrisch*	egozentrisch, präkonventionell und konventionell	Pubertät	Sei ohne Rücksicht das, was du bist, und tu, was du willst	Anderen zum Trotz um den Platz an der Sonne kämpfen	Stark sein, sich selbst ausdrücken, nach Freiheit streben
blau *Systemgläubig*	Konformistisch, konventionell	Lehre, Militär, Studium	Das Leben hat eine Bedeutung, eine Richtung und einen Zweck mit vorbestimmten Ergebnissen	Der Autorität gehorchen, Schuldgefühle empfinden, das Richtige tun	Ordnung schaffen, Zweck und Ziele bestimmen
orange *Erfolgreich*	gewissenhaft, konventionell	Erfolgreiche Berufstätige	Handle im eigenen Interesse und spiele so, dass du gewinnst	Optionen daraufhin prüfen, wo der Erfolg am größten scheint	Analysieren und Planen zum persönlichen besseren Gedeihen
grün *Soziozentrisch*	individualistisch, konventionell und postkonventionell	Aussteiger	Suche nach Frieden im inneren Selbst und erkunde mit anderen die fürsorglichen Dimensionen von Gemeinschaft	Teil der Gemeinschaft sein und persönlich wachsen	Streben nach Gleichberechtigung, Erforschen der eigenen Interessen
gelb *Integrativ*	autonom, postkonventionell	Wiedereinsteiger	Lebe umfassend und verantwortlich als der, der du bist und lerne zu werden	Wege erforschen, um auf verantwortliche Weise frei zu sein	Systeme einpassen und integrieren
türkis *Holistisch*	aufgelöst, postkonventionell	Erleuchtet	Erfahre die Ganzheit der Existenz mit dem menschlichen Verstand und dem höheren Geist	Wege in Erfahrung bringen, um das Chaos des Lebens wieder zu ordnen	Synergien erzeugen und große Einheiten verbinden

Tabelle 2: Darstellung der acht Stufen im Hinblick auf das, was Personen im jeweiligen Zustand primär bewegt[16]

---

[16] Nach Schweizer in *Ponschab/Schweizer*, Schlüsselqualifikationen, S. 56ff.; *Beck/Cowan*, Spiral Dynamics, S. 55ff., Lesezeichen zum Buch.

Bevor ein Blick auf die Einsatzmöglichkeiten in der Mediation geworfen wird, sei der geneigte Leser noch auf einige verbreitete Illustrationen im Anhang hingewiesen, die auf das spiralförmige Emergieren der [W]Meme hinweisen, dem Spiral Dynamics seinen Namen verdankt.

Die Spirale hat zwei Pole, einen individuellen, einen Elitepol und einen gemeinschaftlichen, einen Kollektivpol. Dies zeigt sich deutlich in den Eigenschaften der [W]Meme, wie sie in den Tabellen 1 und 2 vorgestellt wurden. So sind die [W]Meme des warmen Farbspektrums[17] stets auf das Ich ausgerichtet und repräsentieren Selbstausdruck, unterteilen soziale Einheiten in Hierarchien, während die [W]Meme des kühlen Farbspektrums[18] auf das Wir ausgerichtet sind, eine Repräsentation der Selbstaufopferung darstellen und Gruppen bilden, in denen Hierarchien verflachen und Ressourcen umverteilt werden[19].

In der Spirale entstehen die [W]Meme wellenförmig, dadurch gliedert sich das aktive Leben eines [W]Mems in die drei Phasen: Eingangsphase, Höhepunkt und Ausgangsphase[20]. In diesem Zusammenhang soll noch auf die Bezeichnungen dieser Abschnitte hingewiesen werden, wie sie später im Praxisfall zur Anwendung kommen. Der Höhepunkt wird dadurch kenntlich gemacht, dass das jeweilige [W]Mem allein in Großbuchstaben geschrieben wird (z. B. **ORANGE**); wird eine Eingangs- bzw. Ausgangsphase beschrieben, so wird dem in Großbuchstaben geschriebenen [W]Mem das [W]Mem der Vorphase in Normalschrift voran bzw. das [W]Mem der Folgephase hinten angestellt (z. B. Eingangsphase: **Blau/ORANGE**, Ausgangsphase: **ORANGE/Grün**). Bei der Beteiligung mehrerer [W]Meme, werden sie in ihrer relativen Bedeutung für die konkret untersuchte Situation aufgeführt (z. B. **ORANGE-ROT/Blau**)[21].

---

[17] Beige, Rot, Orange, Gelb.
[18] Purpur, Blau, Grün, Türkis.
[19] Siehe hierzu das 3. Prinzip in *Beck/Cowan*, Spiral Dynamics S. 74ff.
[20] Siehe hierzu das 4. Prinzip in *Beck/Cowan*, Spiral Dynamics S. 79ff.
[21] Mit dieser Notation folge ich *Beck/Cowan*, Spiral Dynamics, S. 91.

III. Einsatzmöglichkeiten in der Mediation

Nach der Vorstellung der acht [W]Meme und einiger wichtiger Grundlagen bleibt noch die Frage zu beantworten, wie sich Spiral Dynamics in der Mediation einsetzen lässt.

Zunächst lässt sich hierzu sagen, dass auch Spiral Dynamics ein wirksames Hilfsmittel dabei ist, als Mediator effektiver kommunizieren zu können, denn wenn man erst erkannt hat, welches [W]Mem einen Medianten gerade dominiert, kann man sich hierauf einstellen und somit Missverständnissen in der Kommunikation vorbeugen.

Neben diesem eher allgemeinen Anwendungsfeld lässt sich aber auch ein konkreterer Ansatz finden, wenn man einen Blick auf die klassischen Konfliktlösungsformen wirft und hinterfragt, welche [W]Meme mit welcher Konfliktlösungsform kompatibel sind. Klassischerweise lassen sich fünf bzw. sechs Konfliktlösungsformen unterscheiden, welche sich danach einteilen lassen, ob sie auf Macht, Recht oder Interessen basieren[22]. Ein Blick auf die [W]Meme bzw. auf deren Motivatoren lässt erkennen, dass nicht jedes [W]Mem mit jeder Konfliktlösungsform kompatibel sein kann. Vielmehr lässt sich festhalten, dass Individuen auf den ersten drei Stufen nur Konfliktlösungsformen zugänglich sind, die auf Macht basieren, auf den zwei folgenden Stufen können die Konfliktlösungsformen auf Macht und Recht basieren. Will man hingegen, wie es in der Mediation der Fall ist, Konflikte auf der Basis von Interessen lösen, so sind dem nur Individuen zugänglich, die bereits das grüne [W]Mem oder ein höheres für sich erschlossen haben[23]. Eine grafische Darstellung der Zusammenhänge zeigt Tabelle 3.

Konfliktlösungsform		basierend auf:	[W]Mem
Mediation	vermitteln	Interessen	
Negotiation (kooperativ)	verhandeln		
Arbitration	vorschlagen	Recht	
Litigation	verurteilen		
Negotiation (konfrontativ)	verhandeln	Macht	
Annihilation	vernichten		

Tabelle 3: Konfliktlösungsformen und [W]Meme im Zusammenhang[24]

---

[22] Eine als „Rad der klassischen Konfliktlösungsformen" bezeichnete grafische Darstellung findet sich bei Schweizer in *Ponschab/Schweizer*, Schlüsselqualifikationen, S. 55.
[23] Vgl. Schweizer in *Ponschab/Schweizer*, Schlüsselqualifikationen, S. 56ff.
[24] Angelehnt an Schweizer in *Ponschab/Schweizer*, Schlüsselqualifikationen, S. 55.

Hält man sich nun diesen Zusammenhang vor Augen, wird deutlich, dass Spiral Dynamics dem Mediator eine Hilfe bei der Methodenwahl sein kann, denn Medianten, die einer Konfliktlösung auf Basis von Interessen an sich noch nicht zugänglich sind, erfordern eine andere Methodik als Medianten, die ohnehin Interessenausgleich praktizieren. Auch kann Spiral Dynamics helfen, Fälle zu identifizieren, die einer Mediation nicht zugänglich sind, da die Konstellation aus den Beteiligten und ihrer fehlenden Akzeptanz für eine Lösung auf Basis von Interessen und dem Konfliktgegenstand eine Klärung durch Recht sprich eine juristische Lösung verlangen.

C. Einführung in Ken Wilbers AQAL-Modell

I. Grundlagen

Ken Wilber[25] ist US-amerikanischer Philosoph und gilt als einer der Hauptvertreter der integralen Theorie, die als systematisches Modell für eine holistische Welterklärung verstanden werden kann; er ist zudem Autor zahlreicher Bestseller. Die Zielsetzung der integralen Theorie besteht darin, durch die Integration von östlichen und westlichen Weltsichten sowie spirituellen Einsichten und wissenschaftlichem Denken eine umfassende Sicht des Menschen und der Welt zu entwickeln. Zentrale Grundannahme hierbei ist, dass es nicht darum geht, aus den vielfältigsten Theorien, die in Wissenschaft, Kunst und Spiritualität existieren, die richtige auszuwählen, sondern vielmehr herauszuarbeiten, in welchem Kontext die Gesamtheit all dieser Theorien richtig sei, denn letztlich existieren sie ja bereits und sind zu einem großen Teil fundiert begründet, sodass sie nicht wirklich falsch, wohl aber unvollständig und nur ein Teil des Ganzen sein können. Die integrale Theorie befasst sich auch mit dem Menschen selbst, mit dem „Ich", sie stellt klar, dass das „Ich" die zentrale Instanz individueller Handlungsfähigkeit darstellt, konstatiert jedoch auch, dass es nicht die höchste Qualität menschlicher Handlungsfähigkeit offenbart. Vielmehr kann das „Ich" in einem komplexeren transpersonalen Selbst aufgehen, welches fähig ist, andere Wesen in das eigene Denken, Fühlen und Handeln einzubeziehen. Da eine umfassende Darstellung der integralen Theorie und insbesondere der Arbeit Wilbers, der in seinen Werken Ansätze zur Integration unterschiedlichster Wissenschaftsdisziplinen und Theorien entwickelt, den Rahmen bei Weitem sprengen würde, sei der interessierte Leser an dieser Stelle auf die Literaturhinweise verwiesen[26].

Vielmehr soll nun die Entwicklung des AQAL-Modells in ihren Grundsätzen umrissen werden, um dann einen genaueren Blick auf dieses Modell werfen zu können. AQAL (sprich „ah-kwal") ist eine Abkürzung, die für „alle Quadranten, alle Level, alle Linien, alle Zustände und alle Typen" steht. In Wilbers AQAL-Modell bilden diese fünf Katego-

---

[25] Kenneth „Ken" Earl Wilber Jr. (* 31. Januar 1949 in Oklahoma City, Oklahoma).
[26] Zur Integration von Systemtheorien und Philosophiegeschichte: *Wilber*, Eros, Kosmos, Logos; zu Psychologie, Anthropologie, Kunst und Kunstkritik, Feminismus: *Wilber*. Das Wahre, Schöne, Gute; Psychologie: *Wilber*, Integrale Psychologie; Spiritualität: *Wilber*, Integrale Spiritualität.

rien die zentralen Elemente zur Navigation in der Welt für seinen Vorschlag einer integralen, umfassenden Karte der Wirklichkeit.

Bei der Darstellung dieses Modells wird insbesondere auf das häufig als Wilbers Hauptwerk bezeichnete „Eros, Kosmos, Logos" aus dem Jahre 1995 Bezug genommen, in dem Wilber eine *Theorie von allem* entwickelt. Hierzu befasst er sich vornehmlich mit Systemtheorien und Philosophiegeschichte, in welche er Erkenntnisse aus Biologie, Physik, Soziologie oder Psychologie, aber auch religiöse Gedanken und Elemente der Naturphilosophie einfließen lässt. Wilber stützt sich bei seinen Ausführungen unter anderem auf die Arbeiten und Ideen von Plotin[27], Meister Eckehart[28], Sri Aurobindo[29], Ideen des deutschen Idealismus, des Advaita Vedanta Hinduismus, des tibetischen Buddhismus, so wie Gedanken von Jean Gebser[30], Ervin Laszlo[31], Jürgen Habermas[32], Jean Piaget[33], Arthur Lovejoy[34], Lawrence Kohlberg[35], Teilhard de Chardin[36], Clare W. Graves[37], Erich Jantsch[38], Charles Taylor[39] und Alfred North Whitehead[40]. Bei seiner Arbeit greift Wilber Ideen und Argumentationen auf, bestätigt sie zum Teil, analysiert sie jedoch auch kritisch und weist sie zum Teil als unvollständig oder mit Mängeln behaftet zurück.

Nun wollen wir bei unserer Betrachtung von Wilbers Theorie vom Kleinen zum Großen gehen und damit beginnen, woraus die Welt aufgebaut ist: Holone.

---

[27] Πλωτίνος oder Πλωτῖνος/*Plōtinos*, * um 205 in Lykonpolis (heute Assiut) in Ägypten; † um 270 in Minturnae, Kampanien war ein griechischer Philosoph; er gilt als der Hauptvertreter des Neuplatonismus.
[28] Eckhart von Hochheim, * um 1260 bei Gotha - Hochheim, Tambach oder Wangenheim; † vor 30. April 1328 in Avignon oder Köln, bedeutender spätmittelalterlicher Theologe und Philosoph.
[29] Aurobindo Ghose, অরবিন্দ ঘোষ, Arabinda Ghoṣ, *Arabinda Ghosh*; * 15. August 1872 in Kolkata; † 5. Dezember 1950 in Puducherry, indischer Politiker, Philosoph, Hindu-Mystiker, Yogi und Guru.
[30] * 20. August 1905 in Posen; † 14. Mai 1973 in Wabern bei Bern, Philosoph, Schriftsteller, Übersetzer und kulturwissenschaftlich orientierter Bewusstseinsforscher.
[31] * 1932 in Budapest ist ein ungarischer Vortragsreisender und Autor.
[32] * 18. Juni 1929 in Düsseldorf, deutscher Philosoph und Soziologe.
[33] * 9. August 1896 in Neuchâtel; † 16. September 1980 in Genf, sEntwicklungspsychologe und Épistémologe.
[34] Arthur Oncken Lovejoy, * 10. Oktober 1873 in Berlin; † 30. Dezember 1962 in Baltimore, Maryland, einflussreicher Historiker und Begründer der Ideengeschichte.
[35] * 25. Oktober 1927 in Bronxville, New York; † 17. Januar 1987, US-amerikanischer Psychologe und Professor für Erziehungswissenschaft.
[36] Marie-Joseph Pierre Teilhard de Chardin, * 1. Mai 1881 im Schloss Sarcenat bei Clermont-Ferrand; † 10. April 1955 in New York, französischer Jesuit, Theologe, Philosoph, Anthropologe, Geologe und Paläontologe.
[37] * 21. Dezember 1914 in New Richmond, Indiana; † 3. Januar 1986 amerikanischer Professor für Psychologie.
[38] * 1929 in Wien; † 1980 in Berkeley, Kalifornien österreichischer Astrophysiker.
[39] * 5. November 1931, kanadischer Politikwissenschaftler und Philosoph.
[40] * 15. Februar 1861 in Ramsgate; † 30. Dezember 1947 in Cambridge (Massachusetts), englischer Philosoph und Mathematiker.

Mit dem Begriff Holon[41] greift Wilber einen von Arthur Koestler[42] geprägten Begriff auf, der ein Ganzes meint, das Teil eines Ganzen ist[43].

Für Wilber besteht die gesamte Welt, die gesamte Realität aus Holons und zwar unabhängig von ihrer Eigenschaft als Materie, Energie, Idee oder Prozess. Wilbers Definition von Holonen als Ganze/Teile kann als Synthese aus dem Atomismus, der davon ausgeht, dass die Welt aus letztlich nicht mehr teilbaren Ganzen besteht und dem Holismus, der davon ausgeht, dass alles nur Teile eines größeren Ganzen sind, verstanden werden; zur Verdeutlichung seien ein paar einfache Beispiele genannt, wobei anzumerken ist, dass diese Beispiele nur Ausschnitte aus der gesamten Kette darstellen, letztlich ließen sie sich in beide Richtungen weiter fortsetzen[44]:

α – ... – Atome – Moleküle – Zellen – Organismen – ... – ω

α – Regierungsbezirke – Bundesländer – Bundesrepublik Deutschland – ω

Jedem Holon werden von Wilber vier Grundeigenschaften zuerkannt, die sich in die beiden horizontalen Kräfte – Agenz (Selbsterhaltung) und Kommunion (Selbstanpassung) – und die beiden vertikalen Kräfte – Selbsttranszendenz und Selbstauflösung – aufteilen. Die Wirkung der vier Grundeigenschaften soll hier nicht weiter vertieft werden, da ihre Kenntnis für die weitere Darstellung nicht zwingend erforderlich ist, zur weiteren Vertiefung sei daher auf Wilber selbst verwiesen[45].

Wir wollen nun den nächsten Schritt gehen und uns den Holarchien zuwenden. Wie bereits zuvor anhand der Ausschnitte aus den Ketten der Ganzen/Teile aufgezeigt, bilden Holone Systeme sprich Holarchien[46]. Im Rahmen der Holarchien sind zunächst die beiden Begriffe Tiefe/Höhe und Spanne einzuführen. Der Begriff Tiefe/Höhe bezieht sich auf die Position in der Kette, komplexere Holone haben hiernach eine größere Tiefe/Höhe als die Holone, aus denen sie bestehen. Da es von den komplexeren Holonen jedoch weniger geben kann als von den Holonen, aus denen sie bestehen, ist ihre Anzahl und somit auch ihre Spanne kleiner. Somit lässt sich festhalten, dass die Tie-

---

[41] von griechisch ὅλος, *hólos* und ὄν, *on* „ganzes Seiendes".
[42] * 5. September 1905 in Budapest; † 3. März 1983 in London, österreichischer Schriftsteller ungarischer Herkunft.
[43] Vgl. *Wilber*, Eros, Kosmos, Logos, S. 36ff., S. 57ff. (erste der 20 Grundaussagen).
[44] Zur Verdeutlichung dessen, lasse ich die Beispiele mit Alpha (α) beginnen und mit Omega (ω) enden.
[45] *Wilber*, Eros, Kosmos, Logos, S. 63ff. (zweite der 20 Grundaussagen).
[46] Vgl. *Wilber*, Eros, Kosmos, Logos, S. 42ff., S. 74ff. (Grundaussage 4).

fe/Höhe eines Holons mit zunehmender Komplexität zunimmt, während seine Spanne abnimmt[47].

Es lässt sich ein weiterer Zusammenhang aufzeigen; lösen sich die Holone (z. B. Moleküle), aus denen ein Holon einer höheren Ebene besteht (z. B. Zelle), auf, so kann auch dieses Holon – und die noch höheren Holone – nicht länger existieren, löst sich hingegen das Holon der höheren Ebene (Zelle) auf, so existieren die Holone der niedrigeren Ebene (Moleküle) weiter fort. Wilber sagt daher, dass die Holone der höheren Ebene bedeutender, die Holone der niedrigeren Ebenen hingegen grundlegender sind[48].

Höhere Ebenen der Evolution umfassen stets ihre niedrigeren Ebenen. Mit der beispielhaften Darstellung dieses Zusammenhangs sollen zudem einige weitere von Wilber durchgehend verwendete Begriffe eingeführt werden. So teilt Wilber die Evolution in drei große Bereiche bzw. Domänen ein, womit er einer auch von Laszlo, Jantsch und Murphy[49] vorgenommen Dreiteilung folgt. Diese drei Ebenen bezeichnet Wilber als Physiosphäre, Biosphäre und Noosphäre[50] und betont, dass diese Ebenen in inneren Wechselbeziehungen stehen und zusammen eine Große Kette des Seins bilden[51]. Wilber greift dann auf den von den Pythagoräern eingeführten Begriff „Kósmos" zurück, der in seiner ursprünglichen Bedeutung alle Seinsbereiche erfasste, womit der Kósmos sowohl Physiosphäre (Kosmos) als auch Biosphäre (Bios) und Noosphäre (Nous) enthält. Zudem führt Wilber nun mit der Theosphäre (Theos) eine vierte – noch nicht emergierte – Ebene ein, die zum einen die anderen drei Ebenen umfasst, zum anderen aber auch nur Teil eines Ganzen, des Kósmos ist[52]. Im nächsten Abschnitt wird deutlich werden, dass sich diese großen Ebenen noch in kleinere Abstufungen aufteilen lassen, zunächst soll jedoch Abbildung 1 das Grundsätzliche, die Wechselbeziehungen der Ebenen, das Umfassen der niedrigeren durch die höheren Ebenen verdeutlichen.

---

[47] Vgl. *Wilber*, Eros, Kosmos, Logos, S. 83ff. (Grundaussagen 7 & 8).
[48] Vgl. *Wilber*, Eros, Kosmos, Logos, S. 88ff. (Grundaussage 9).
[49] * 1930 in Salinas, Kalifornien ist Mitbegründer des Esalen-Instituts.
[50] Bei Laszlo finden sich die Begriffe: materiell, biologisch und historisch; bei Jantsch: kosmisch, biosozial und soziokulturell; bei Murphy: physikalisch, biologisch und psychisch; als allgemeinverständliche Varianten nennt Wilber auch die Begriffe: Materie, Leben und Geist.
[51] Vgl. *Wilber*, Eros, Kosmos, Logos, S. 24f.
[52] Vgl. *Wilber*, Eros, Kosmos, Logos, S. 60f.

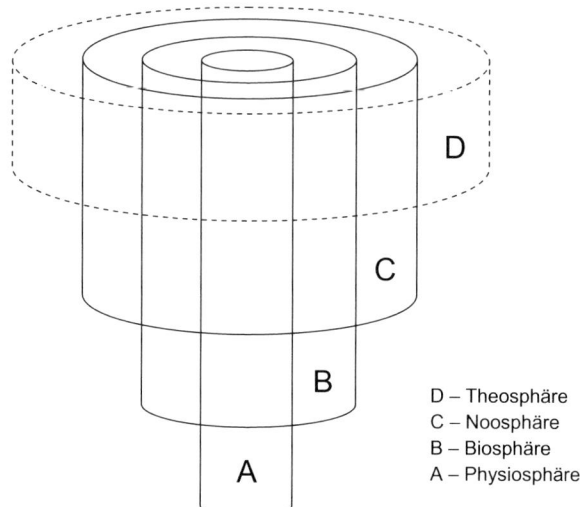

D – Theosphäre
C – Noosphäre
B – Biosphäre
A – Physiosphäre

Abbildung 1: Die Ebenen der Evolution[53]

Nachdem nun die Grundlagen gelegt sind, soll nun mit den vier Quadranten ein weiter-
führender Blick auf die vier Perspektiven geworfen werden, die jedes Holon hat.

II. Die vier Quadranten

In einem nächsten Schritt wird nun eine quantitative Größe eingefügt, die Unterscheidung zwischen dem Individuum und dem Kollektiv, mithin der Umgebung des Individuums[54]. So ist beispielsweise das individuelle Holon Student, der diese Arbeit verfasst,
eines der vielen anderen Studentenholone, die gemeinsam mit den individuellen Holonen der Professoren und den individuellen Holonen der Mitarbeiter das kollektive Holon
Universität bilden.

---

[53] Nach *Wilber*, Eros, Kosmos, Logos, S. 152, jedoch um die noch nicht emergierte Theosphäre erweitert.
[54] Wilber lässt auch das Begriffspaar Mikro und Makro zu und legt eindrucksvoll dar, dass in Darstellungen von Holarchien (z.B. bei Karl Popper (Sir Karl Raimund Popper (* 28. Juli 1902 in Wien; † 17. September 1994 in London) ‚war ein österreichisch-britischer Philosoph)) häufig zu Vermengungen beider
Bereiche gekommen ist; positive Hervorhebung findet hingegen die Arbeit von Erich Jantsch und seine
Darstellung der Koevolution von Makro- und Mikrostrukturen; vgl. *Wilber*, Eros, Kosmos, Logos, S. 110ff.,
insbesondere die Diagramme auf den S. 116f.

Zu dem Begriffspaar Individuell/Kollektiv gesellt sich nun noch der Dualismus von Innen und Außen. Alle Holone verfügen sowohl über ein Inneres als auch über ein Äußeres. Die innere Perspektive ist nicht immer ohne Weiteres erfassbar, hingegen lässt sich die entsprechende äußere Perspektive sehr wohl beobachten. So ist z. B. das innere Holon Begriff nicht besonders greifbar, die für ein Denken in Begriffen notwendige äußere Manifestation hingegen, ein komplexer Neokortex ist – nach erfolgter Schädelöffnung – sehr wohl beobachtbar und greifbar[55]. Ähnliche Beziehungen wie mit dem Paar Begriffe/komplexer Neokortex auf der individuellen Seite lassen sich auch auf der kollektiven Seite aufzeigen. So lässt sich dem kollektiven Äußeren von Gartenbau treibenden Stammesgesellschaften mit ihren Schamanen ein kollektiv innerer Entwicklungszustand gegenüberstellen, den Piaget, Gebser und Habermas als magisch bezeichneten[56].

Es deutet sich nun bereits an, dass es hier nicht ausschließlich um duale Beziehungen der Form Individuell/Kollektiv oder Innen/Außen geht, die sich lediglich im Umfeld eines weiteren Parameters befinden – wie das Paar Begriffe/komplexer Neokortex im individuellen Umfeld –, viel mehr stehen alle vier Perspektiven miteinander in Zusammenhang. Hierzu ein Beispiel, das letztlich aus der Kombination der beiden zuvor aufgezeigten Teilaspekte besteht:

Im Laufe seiner Entwicklung bildete der Mensch die Fähigkeit zu sprechen aus, notwendig hierfür war die Fähigkeit, Begriffe verwenden zu können, eine Fähigkeit aus dem innerlich-individuellen Bereich. Hierfür notwendig ist ein entsprechendes Gehirn im äußerlich-individuellen Bereich. Wie wir bereits gesehen haben, ist dies der komplexe Neokortex. Zur Weiterentwicklung und Weitergabe der Sprache war es notwendig, dass der sprachfähige Mensch in einer äußerlich-kollektiven Umgebung lebte, die ihm Interaktionen zu anderen Individuen ermöglichte, dies war die Stammesgesellschaft der Ära des Gartenbaus. Um dieses äußerlich-kollektive Umfeld zu stabilisieren und zu bewahren, waren innerlich-kollektive, kulturelle Faktoren notwendig, die der Gemeinschaft Halt boten und ein Zerbrechen der Strukturen verhinderten. Dies wird durch den als magisch bezeichneten innerlich-kollektiven Entwicklungszustand beschrieben, in dem der gemeinsame Ahne oder die Verwandtschaftslinie eine gesellschaftliche Integration unter-

---

[55] Vgl. *Wilber*, Eros, Kosmos, Logos, S. 142ff.; nachdem Wilber sich im dritten Kapitel mit dem Außen befasst hat, stellt er im vierten Kapitel das Innen dar; vgl. *Wilber*, Eros, Kosmos, Logos, S. 145ff.
[56] Vgl. *Wilber*, Eros, Kosmos, Logos, S. 210ff.

schiedlicher Interessen ermöglichte, in dem aber auch die Rituale der Schamanen den Menschen das Gefühl gaben, die sie umgebende Welt in einem gewissen Grade beeinflussen zu können. Für die Rituale und deren Weitergabe wiederum benötigten die Schamanen der magischen Stufe die Begriffe des innerlich-individuellen Bereichs, um sich über deren Wirken auf die Welt zu verständigen, womit sich der „Kreis" schließt[57].

Durch die Verknüpfung beider Dualismen hat man damit ein aus vier Quadranten bestehendes Modell erhalten, in dem die Holone einer Ebene mit den Holonen derselben Ebene in allen anderen Quadranten in Beziehung stehen. So hat das obige Beispiel die Zusammenhänge auf der Ebene 10 in Abbildung 2 wiedergegeben.

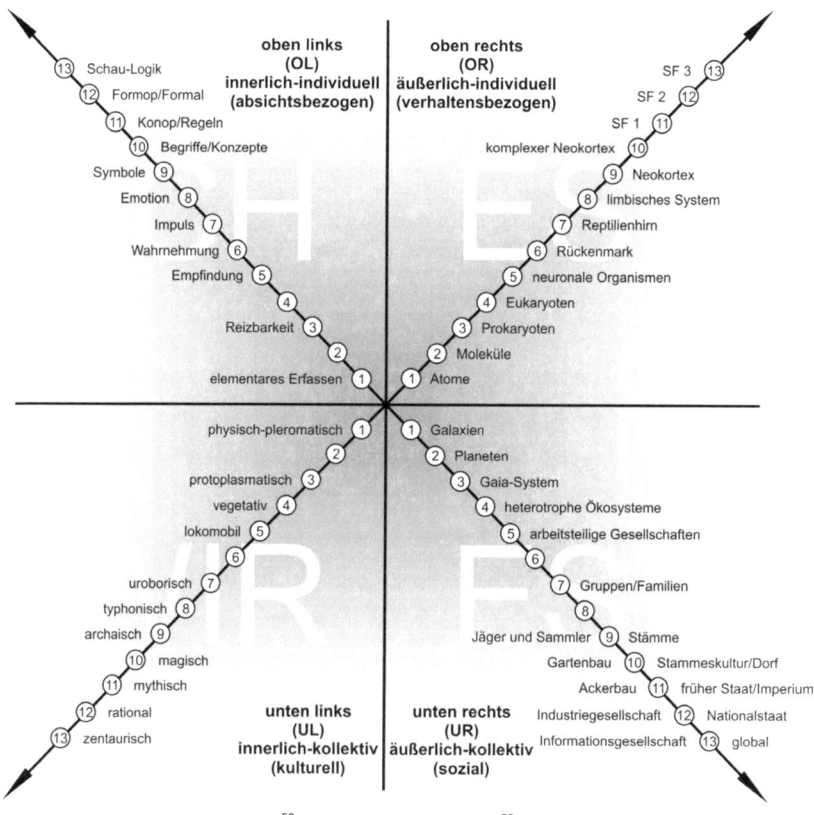

Abbildung 2: Die vier Quadranten[58] mit einigen ihrer Details[59]

---

[57] Vgl. *Wilber*, Eros, Kosmos, Logos, S. 211f., 218.
[58] Der obere rechte Quadrant (ES, Singular) wurde hier mit „ES°" bezeichnet um ihn vom mit „ES*" bezeichneten unteren rechten Quadranten (ES, plural) zu unterschieden, im englischen Original findet hier-

22

In gewisser Weise lässt sich noch anmerken, dass die Darstellung sich vom Zentrum in Richtung der Pfeilspitzen an der zeitlichen Ausdehnung anhand des Bestehens des Universums orientiert.

Wilber gibt dem Leser einen umfangreichen Einblick in die Entwicklung der einzelnen Stufen bis zu unserer Zeit, welche letztlich als deren Teile von den großen Bereichen Physiosphäre, Biosphäre und Noosphäre umfasst werden. Dann geht er jedoch weiter darüber hinaus, indem er anhand von Texten einen Einblick in die Ebenen der in der breiten Gesellschaft noch nicht emergierten Theosphäre gewährt[60]. Dies sind die psychische (Ralph Waldo Emerson[61])[62], die subtile (Heilige Theresia von Ávila[63])[64], die kausale (Meister Eckehart)[65] und die nichtduale (Sri Ramana Maharshi[66])[67] Ebene[68].

Wiewohl diese Ausführungen von nicht zu unterschätzender Bedeutung für die persönliche und auch globale Entwicklung sein können, soll auf sie hier nicht weiter eingegangen werden, da ihre Praxisrelevanz für die Mediation zurzeit (noch) gering ist, statt dessen soll ein Blick auf die Einsatzmöglichkeiten von AQAL in der Mediation heute geworfen werden.

---

für das Begriffspaar „IT/ITS" Anwendung. Die teilweise von deutschen Übersetzern vorgenommene Variation, die den unteren rechten Quadranten mit SIE bezeichnet, halte ich für verfehlt, da Wilber selbst sagt, dass die gesamte Rechte Hälfte (er bezeichnet sie auch als „Rechten Weg") in Es-Sprache zu beschreiben ist, während der Begriff SIE keine Anwendung findet. Vgl. *Wilber*, Eros, Kosmos, Logos, S. 166f. Bestätigt wird dies nochmals dadurch, dass Wilber die mit den drei Begriffen ES, ICH, WIR bezeichneten Bereiche vielfach auch als die „Großen Drei" bezeichnet, vgl. *Wilber*, Eros, Kosmos, Logos, S. 186ff.; Wilber verwendet in der Folge auch Platons Begriffe „das Wahre, das Schöne, das Gute", vgl. *Wilber*, Eros, Kosmos, Logos, S. 187, 391ff.

[59] Nach *Wilber*, Eros, Kosmos, Logos, S. 243; *Wilber*, Integrale Spiritualität, S. 58; die Bezeichnungen SF1-3 im oberen rechten Quadranten stehen für Strukturen und Funktionen des menschlichen Gehirns, die den Ebenen des oberen linken Quadranten entsprechen, vgl. *Wilber*, Eros, Kosmos, Logos, S. 244.

[60] Vgl. *Wilber*, Eros, Kosmos, Logos, S. 345ff.

[61] * 25. Mai 1803 in Boston, Massachusetts; † 27. April 1882 in Concord, Massachusetts, war ein US-amerikanischer Philosoph, einflussreicher Unitarier und Schriftsteller.

[62] Vgl. *Wilber*, Eros, Kosmos, Logos, S. 345ff.

[63] Theresa von Ávila – eigentlich Teresa Sánchez de Cepeda y Ahumada, * 28. März 1515 in Ávila, Kastilien, Spanien; † 4. Oktober 1582 in Alba de Tormes, bei Salamanca – war Karmelitin und Mystikerin, Kirchenlehrerin und Heilige.

[64] Vgl. *Wilber*, Eros, Kosmos, Logos, S. 360ff.

[65] Vgl. *Wilber*, Eros, Kosmos, Logos, S. 370ff.

[66] Ramana Maharshi (Sanskrit, रमण महर्षि - Maharshi bedeutet „Großer Weiser" von maha = groß, rishi = Weiser, Geburtsname Venkataraman), * 30. Dezember 1879 in Tiruchuli im südindischen Tamil Nadu; † 14. April 1950 in Tiruvannamalai, Indien.

[67] Vgl. *Wilber*, Eros, Kosmos, Logos, S. 378ff.

[68] Vgl. hierzu auch Anmerkung 8 in *Wilber*, Eros, Kosmos, Logos, S. 680ff.

III. Einsatzmöglichkeit in der Mediation

Wenn wir uns nun der Einsatzmöglichkeit von AQAL in der Mediation zuwenden, ist es zunächst notwendig, mit der Abbildung 3 eine andere Darstellung der vier Quadranten einzubringen. Diese Darstellung konzentriert sich nicht auf die Evolution, wie sie sich in den einzelnen Quadranten widerspiegelt[69], sondern stellt stattdessen die wissenschaftlichen Richtungen, einige ihrer prominenten Vertreter sowie Perspektive und Geltungskriterium der einzelnen Quadranten zusammen.

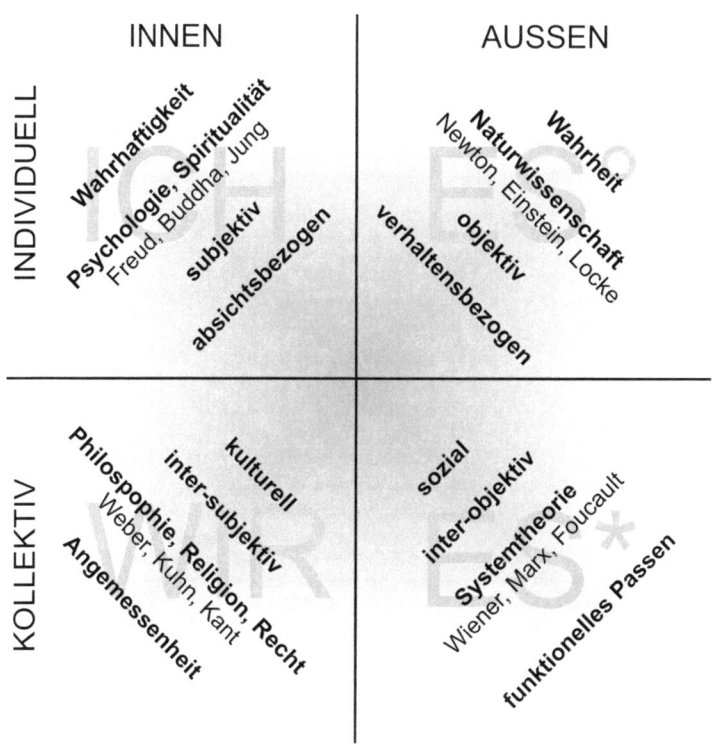

Abbildung 3: Die vier Quadranten[70]

Abbildung 3 zeigt uns von innen nach außen Sphäre, Perspektive, wissenschaftliche Disziplinen, die aus dieser Perspektive nach Erkenntnis streben sowie einige ihrer Ver-

---

[69] Dies ist der Schwerpunkt von Abbildung 2.
[70] Nach *Wilber*, Eros, Kosmos, Logos, S. 178ff.; *Wilber*, Integrale Spiritualität, S. 59, 61; Adrian Schweizer, Seminarunterlagen und Flipcharts.

treter und das im jeweiligen Quadranten bestimmende Geltungskriterium. Auf dieser Grundlage nun hat Adrian Schweizer[71] ein Konzept entwickelt, das die Überprüfung der Nachhaltigkeit einer in einer Mediation gefundenen Lösung ermöglicht[72]. Von besonderer Bedeutung ist hierfür das Geltungskriterium der Quadranten. Nach Schweizer ist es nun für die nachhaltige Wirksamkeit einer Konfliktlösung notwendig, dass diese von allen Konfliktparteien als wahrhaftig, angemessen[73], wahr und funktionell passend erkannt wird. Für die Überprüfung dieser Nachhaltigkeit setzt Schweizer nun das AQAL-Modell und dabei insbesondere die Geltungskriterien der vier Quadranten in Verbindung mit den im Rahmen des NLP[74] entwickelten vier Wahrnehmungspositionen ein[75]. Auf dieser Basis stellt er dem Anwender dann einen Fragenkatalog zur Verfügung, der ihm eine Nachhaltigkeitsprüfung ermöglicht. Jede dieser vier Fragen soll von den Parteien – zunächst für die von ihnen entwickelten Optionen und später dann auch für die als gemeinsame Lösung ausgewählte Option – aus der entsprechenden Position beantwortet werden, dargestellt ist dies in Abbildung 4.

Exkurs: Die vier Wahrnehmungspositionen

An dieser Stelle soll eine kurze Darstellung der vier Wahrnehmungspositionen[76] erfolgen, da deren Kenntnis in der Folge immer wieder benötigt wird. Ich will dies mithilfe einer Denkübung bewerkstelligen.

Während ich diesen Exkurs verfasse, sitze ich in meiner doch recht kargen Klosterzelle im Kloster Aldersbach, wohin ich mich für einige Tage zurückgezogen habe, um meine Arbeiten abzuschließen. Durch das geöffnete restaurierte Holzfenster mit den

---

[71] Fürsprecher Adrian Schweizer, geb. 1958, studierte die Rechte, Kommunikationswissenschaften und Psychologie in Bern und Santa Cruz (Kalifornien, USA). Später studierte er u.a. bei Roger Fisher an der Harvard Law School „Negotiation" und erwarb bei Robert Dilts den Master-Trainer in NLP. Adrian Schweizer ist als Trainer, Coach und Mediator tätig.
[72] Adrian Schweizer stellte dieses Konzept im Rahmen des Seminars: Wirtschaftsmediation – zwischenbetrieblich – vom 23. bis 25. Mai 2008 in Bad Driburg sowie im Rahmen der NLP-Practitioner-Ausbildung vom 12. - 15. Juni 2008 im Kloster Aldersbach vor.
[73] Schweizer selbst verwendet statt Angemessenheit/angemessen die Begriffe Gerechtigkeit/gerecht.
[74] Neurolinguistische Programmierung wurde Anfang der 1970er Jahre an der University of California in Santa Cruz von Richard Bandler (* 24. Februar 1950, ist Mitentwickler der neurolinguistischen Programmierung) und John Grinder (* 1940, ist ein US-amerikanischer Anglist und Linguist und Mitentwickler des Neurolinguistischen Programmierens) als neues Verfahren der Kurzzeit-Psychotherapie entwickelt.
[75] In *Grinder/ DeLozier*, Daimonen, stellen John Grinder und Judith DeLozier die ersten drei Wahrnehmungspositionen im Rahmen eines Workshops vor. Die 4. Position wird später von Robert Dilts (Robert Brian Dilts (* 21. März 1955) ist ein Autor, Trainer und Berater im Bereich der neurolinguistischen Programmierung (NLP)) in *Dilts*, Veränderung, S. 200ff. eingeführt und dort als Meta-Spiegel (Meta-Mirror) bezeichnet.
[76] Nach Schweizer in *Ponschab/Schweizer*, Schlüsselqualifikationen, S. 28f.

Waldglasscheiben kann ich in den neuangelegten Klostergarten blicken, in dem die Pflanzen die ersten frischen Triebe der Frühlingssonne entgegenstrecken.

Wenn Sie jetzt durch Ihre eigenen Augen blicken und dabei auf die gedruckten Zeichen schauen, aus denen dieser Exkurs zusammengesetzt ist, dann sind Sie in sich selbst. Diese Wahrnehmungsposition ist die 1st position (1. Position).

Stellen Sie sich nun vor, Sie wären auch im Kloster Aldersbach, Sie spazieren durch den Klostergarten und genießen die ersten zarten warmen Strahlen der Frühlingssonne. Wenn Sie nun nach oben zu den Fenstern des Seitenflügels blicken, können Sie durch das offene Fenster sehen, wie ich gerade diesen Exkurs verfasse. Diese Position des Beobachters ist die 3rd position (3. Position).

Wenn Sie sich dann in mich hineinversetzen, wie ich gerade diesen Exkurs verfasse, um dem Leser die vier Wahrnehmungspositionen näherzubringen, dann gehen Sie in die 2. Position. Und wenn Sie dann auch noch meine Verärgerung darüber spüren, weil dieses Textverarbeitungsprogramm mal wieder einen eigenen Willen zeigt und nicht so funktioniert, wie wir wollen, dann sind Sie wahrhaft in der 2nd position (2. Position) und sehen die Welt durch meine Augen.

Und dann können Sie sich diese Szene auch noch von ganz oben vorstellen – ein Blick vom Kirchturm ist noch nicht das, was hier gemeint ist, geht aber in die richtige Richtung – und können mich sehen, wie ich diesen Exkurs verfasse, Sie können auch den Beobachter der 3. Position sehen, wie er im Klostergarten auf und ab schreitet und mich beobachtet, wie ich gerade diesen Exkurs verfasse. Und Sie sehen auch die anderen Gäste des Klosters und die Mitarbeiter des Klosterhofes, die sie betreuen, Sie sehen das gesamte System und dies ist die 4th position (4. Position).

Sollte nun bereits bei der Nachhaltigkeitsprüfung der Optionen eine der Fragen durch die Partei zu einer negativen Antwort führen, so ist die Option einer Überarbeitung zu unterziehen. Sollte dies nicht dazu führen, dass die Partei bei einer erneuten Nachhaltigkeitsprüfung zu einer anderen Bewertung kommt, so sollte die betreffende Option verworfen werden. In entsprechender Weise ist auch bei der Nachhaltigkeitsprüfung der späteren Lösung vorzugehen, sollte es bei den Parteien zu einer negativen Bewertung kommen, so ist es notwendig, dass die Parteien die ausgewählte Lösungsoption nochmals überarbeiten, sozusagen ein „fine tuning" durchführen oder ggf. auch eine der alternativen Lösungsoptionen nochmals in Erwägung ziehen. Erst wenn alle Parteien die ausgewählte Lösungsoption im Rahmen der Nachhaltigkeitsprüfung aus allen vier Perspektiven positiv beurteilen, kann davon ausgegangen werden, dass die gefundene Erklärung eine nachhaltige Lösung für den Konflikt darstellt.

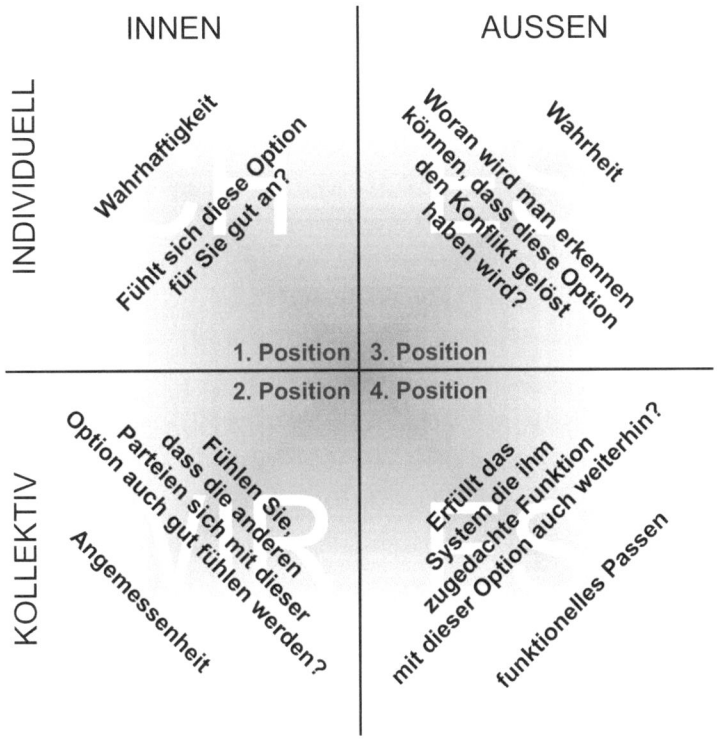

Abbildung 4: Nachhaltigkeitsprüfung auf Basis des AQAL-Modells[77]

Neben dieser Nachhaltigkeitsprüfung sind noch andere Einsatzmöglichkeiten von AQAL in der Mediation denkbar, beispielsweise im Rahmen der Interessenfindung und beim Aufbau von Verständnis für die anderen Parteien. Ein weiterer Ansatz, der AQAL mit Spiral Dynamics verbindet, soll im nächsten Abschnitt aufgezeigt werden.

---

[77] Nach Adrian Schweizer, Seminarunterlagen und Flipcharts.

D. Vorstellung eines integrierten Ansatzes beider Modelle für den Einsatz in der Mediation

I. Grundüberlegungen

Ziel der folgenden Überlegungen ist es, einen Weg zu finden, mit dem die Modelle von Spiral Dynamics und AQAL miteinander zu einem integralen Ansatz verbinden lassen, der dann wiederum neue Möglichkeiten für einen Einsatz in der Mediation eröffnet. Hierzu sind zunächst einige Charakteristika beider Modelle herauszuarbeiten, die es dann ermöglichen, ausgewählte Komponenten beider Modelle im nächsten Abschnitt zu einem neuen Modell zu verschmelzen.

Betrachten wir unter diesem Gesichtspunkt zunächst Spiral Dynamics, so stellen wir fest, dass uns in Spiral Dynamics ein nach oben offenes Entwicklungsmodell mit bisher acht emergierten Stufen[78] an die Hand gegeben wird. Wie in den Tabellen 1 und 2 dargestellt wurde, lassen sich diese acht Stufen sowohl in Hinblick auf die kollektive entwicklungsgeschichtliche Evolution der Menschheit verfolgen[79], als auch in Hinblick auf den entwicklungspsychologischen individuellen Verlauf des einzelnen Menschenlebens[80]. Wichtig für die spätere Anwendung ist sich zu vergegenwärtigen, dass das erste Auftreten von Lebensbedingung, die das Emergieren einer bestimmten Stufe ermöglichen würden, in keinster Weise ein Garant dafür ist, dass dies auch in größeren Teilen der Bevölkerung geschieht[81]. Zudem ist es notwendig, sich darüber bewusst zu sein, dass neben der grundsätzlichen Möglichkeit, dass ein Mediant noch keine Stufe erreicht hat, die eine Lösung auf der Basis von Interessen[82] zulässt, es gerade in Konflikten dazu kommen kann, dass eine niedrigere Stufe zur beherrschenden wird, während die Person in anderen Situationen gänzlich von einer höheren Stufe dominiert wird. Dies ist ein nicht zu vernachlässigender Aspekt im Verlauf der Mediation, denn es besteht durchaus die Möglichkeit, dass ein Mediant, der im Vorgespräch einen gefestigten lö-

---

[78] Stufen steht hier für die [W]Meme; in der Folge wird vorwiegend der allgemeinere Begriff Stufen verwendet um einen einheitlichen Sprachgebrauch bei der Entwicklung des integralen Modells zu gewährleisten.
[79] Siehe hierzu Tabelle 1, Spalte „erstes Auftreten entsprechender Lebensbedingungen".
[80] Siehe hierzu Tabelle 2, Spalten „Form der Ich-Identität" und „Entwicklungspsychologisch".
[81] Vgl. hierzu Tabelle 1, Spalte „Anteil an der Bevölkerung heute".
[82] Vgl. hierzu Tabelle 3.

sungsorientierten Eindruck beim Mediator hinterlässt, in späteren Phasen, insbesonde-re im Rahmen der Interessenfindung – wenn plötzlich alte, verdrängte, vergessene Wunden aufbrechen oder Gefühlen freier Lauf gelassen wird – auf eine abwehrende Verteidigungsposition regrediert, da er sich plötzlich in seinen elementaren Bedürfnis-sen bedroht fühlt. Dies gilt es zu erkennen, um dann ein eventuell hierdurch drohendes Ungleichgewicht im Rahmen der Allparteilichkeit zu vermeiden.

Nach Spiral Dynamics soll nun ein entsprechender Blick auf AQAL geworfen werden. Der für uns in der Mediation bereits zuvor als zentrales Charakteristikum herausgear-beitete Aspekt von Ken Wilbers AQAL-Modell ist, dass es uns mit den vier Quadranten auch vier unterschiedliche Perspektiven gibt. So gestattet uns die Unterscheidung zwi-schen der individuellen und kollektiven Perspektive, den Medianten während des ge-samten Mediationsverfahrens mögliche Auswirkungen ihrer Handlungen und Ziele auch aus der Sicht der anderen Parteien aufzuzeigen[83]. Neben die hierdurch erhaltenen Kri-terien der Wahrhaftigkeit und Angemessenheit treten mit dem Hinzufügen der entspre-chenden äußeren Perspektiven die Kriterien der Wahrheit und des funktionalen Pas-sens. Erstere ermöglicht zusätzlich auch eine Überprüfung der Außenwirkung[84], die Aufschluss darüber gibt, ob überhaupt von einer erkennbaren Lösung die Rede sein kann. Mit der zweiten kommt sozusagen noch eine Überprüfungsmöglichkeit für die sys-temexterne Außenwirkung[85] hinzu, die danach fragt, ob die gefundene Lösung es dem System weiterhin ermöglicht, seine Funktion zu erfüllen. Zentraler Aspekt ist somit, dass der Mediator mit AQAL einen Koffer mit Prüfwerkzeugen erhält, den er während des gesamten Mediationsverfahrens, im Speziellen aber im Rahmen der Optionensuche, Lösungsfindung und -überprüfung einsetzen kann, um zu einer möglichst nachhaltigen Lösung zu gelangen.

---

[83] Setzt man zudem Coachingelemente aus dem NLP ein, so kann der Mediant sie sogar selbst erfahren, wodurch ungeeignete Optionen natürlich noch deutlicher hervortreten.
[84] Hier ist die Rede von der 3. Position, im übertragenen Sinne ein Beobachter, der die Parteienkonstella-tion nach dem Implementieren der Lösung von außen betrachtet.
[85] Hier ist die Rede von der 4. Position, diese betrachtet nicht nur die Parteienkonstellation nach dem Implementieren der Lösung von außen, wie dies bei der 3. Position der Fall ist, vielmehr betrachtet sie das gesamte System, inklusive der 3. Position, also dem Beobachter von einer noch weiter „außen" lie-genden Position. Daher ist hier auch die Rede vom funktionalen Passen, denn dies fragt ja, ob die Par-teienkonstellation nach dem Implementieren der Lösung auch in das Gesamtsystem in dem sie sich be-wegt passt, dies kann natürlich nur aus einer Position beurteilt werden, die selbst nicht mehr Teil dieses Systems ist, sie muss folglich außerhalb des Systems stehen.

Da nun die für die folgende Entwicklung eines integrierten Ansatzes notwendigen Grundüberlegungen angestellt wurden, soll diese nun auch in Angriff genommen werden.

II. Entwicklung des Modells

Auf die Frage, wie sich beide Ansätze nun miteinander verknüpfen lassen, gibt es eine überraschenderweise nicht allzu schwere Antwort, denn wie bereits aufgezeigt und auch in Abbildung 2 dargestellt, lassen sich in den einzelnen Quadranten Entwicklungslinien seit dem Bestehen des Universums bzw. seit der Entwicklung des ersten Lebens einzeichnen. Dies erinnert sehr an die Entwicklungsstränge, die uns mit den Stufen aus Spiral Dynamics an die Hand gegeben worden sind.

Betrachtet man nun nochmals die beiden Entwicklungsstränge aus Spiral Dynamics, so fällt auf, dass der entwicklungspsychologische Strang den Entwicklungslinien in den linken Quadranten ähnelt, der entwicklungsgeschichtliche Strang hingegen insbesondere dem rechten unteren Quadranten entspricht. Während die Ähnlichkeit des entwicklungsgeschichtlichen Strangs mit dem rechten unteren Quadranten[86] geradezu frappierend ist, gestaltet es sich in Bezug auf den entwicklungspsychologischen Strang etwas komplizierter. Zuvor wurde demonstriert, dass sich der entwicklungspsychologische Strang mit der Entwicklung des individuellen Menschen befasst, ein Vergleich anhand der verwendeten Termini jedoch – wie er beim entwicklungsgeschichtlichen Strang und dem rechten unteren Quadranten zum Erfolg führte – bringt uns hier nicht, wie zu erwarten wäre, zum oberen linken Quadranten, der die innere individuelle Entwicklung wiedergibt, sondern vielmehr zum unteren linken Quadranten, der die innere kollektive Entwicklung wiedergibt. Dies ist jedoch kein grundsätzlicher Widerspruch, sondern lediglich die Folge aus den der Abbildung 2 zu Grunde gelegten Parametern. Abbildung 2 bildet im oberen linken Quadranten die Entwicklungslinie der Fähigkeiten des Gehirns – als innerliche Entsprechung zu der äußerlich/physisch beobachtbaren Entwicklung, die im oberen rechten Quadranten eingetragen wurde – ab, die aus Spiral Dynamics vertrauten Begrifflichkeiten finden sich hier hingegen nicht. Dies bedeutet jedoch nicht,

---

[86] Sobald die Entwicklungslinie bei den menschlichen Gesellschaftsformen angelangt ist.

dass sich die Darstellung nicht dahingehend abwandeln ließe, dass die Begrifflichkeiten aus Spiral Dynamics im erwarteten Quadranten abgebildet sind, eine Parallele hierzu zeigt sich bereits in Abbildung 2, wenn man einen genauen Blick auf den rechten unteren Quadranten wirft. Dieser präsentiert, wie zuvor aufgezeigt, zum einen Begrifflichkeiten, die der entwicklungshistorischen Linie von Spiral Dynamics entsprechen sprich Organisationseinheiten wie den „Stamm" und den „Staat", aber auch Gesellschaftsformen wie die der „Jäger und Sammler" und des „Ackerbaus". Hieraus lässt sich ableiten, dass die bisherige Wahl der Bezeichnungen der einzelnen Punkte auf den Entwicklungslinien der vier Quadranten – wie z. B. in Abbildung 2 – nicht ultimativ und unveränderlich ist, vielmehr können diese Begrifflichkeiten modifiziert werden, um weitere Zusammenhänge aufzuzeigen und ein tieferes Verständnis zu ermöglichen, solange nur die Wahrung der Perspektiven gewährleistet wird.

Als Ergebnis dieser Erkenntnis ist es nun möglich, die entwicklungspsychologischen und entwicklungshistorischen Linien von Spiral Dynamics aus den vier Perspektiven, die uns AQAL bietet, zu betrachten, sie können geradezu in die vier Quadranten eingesetzt werden, wodurch man eine Kombination der zeitlichen Ausdehnung von Spiral Dynamics und den vier Perspektiven von AQAL erhält – einen integralen Ansatz beider Modelle.

Dieser integrale Ansatz aus Spiral Dynamics und AQAL ist in Abbildung 6 dargestellt, zu der nun noch einige einführende Erläuterungen gemacht werden sollen.

Abbildung 6 stellt AQAL folgend vier Quadranten dar, die ebenfalls die vier Perspektiven ICH, WIR, ES° und ES* repräsentieren, die Entwicklungslinien in den Quadranten beginnen jedoch abweichend von AQAL nicht mit dem Bestehen des Universums, sondern mit dem Auftritt der frühen Menschen, wie wir sie auf der ersten (beigefarbigen) Stufe von Spiral Dynamics kennen gelernt haben. Die Linien setzen sich dann gemäß Spiral Dynamics bis zur achten (türkisfarbenen) Stufe[87] fort. Damit ist die Darstellung mehr humanzentriert als die am gesamten „Sein" orientierte Abbildung 2, wodurch sie jedoch mit Hinblick auf ihr Anwendungsfeld nicht unvollständig wird, denn letztlich geht es bei der Mediation in erster Linie um die Arbeit mit Menschen und nicht um die Arbeit mit Atomen, auch wenn die einen tatsächlich aus den anderen bestehen, wenn man sich die Holoneigenschaft von allem abermals vergegenwärtigt. In den einzelnen Quad-

---

[87] Die noch nicht in größeren Teilen der Bevölkerung emergierte neunte (korallene) Stufe ist am Rand der Grafik lediglich angedeutet.

ranten finden sich auf jeder Stufe Begrifflichkeiten wieder, die die jeweilige Stufe aus der entsprechenden Perspektive betrachtet, möglichst charakteristisch beschreiben und kennzeichnen; welche Themenkomplexe hier im Einzelnen erfasst werden, ist in Abbildung 5 übersichtartig dargestellt.

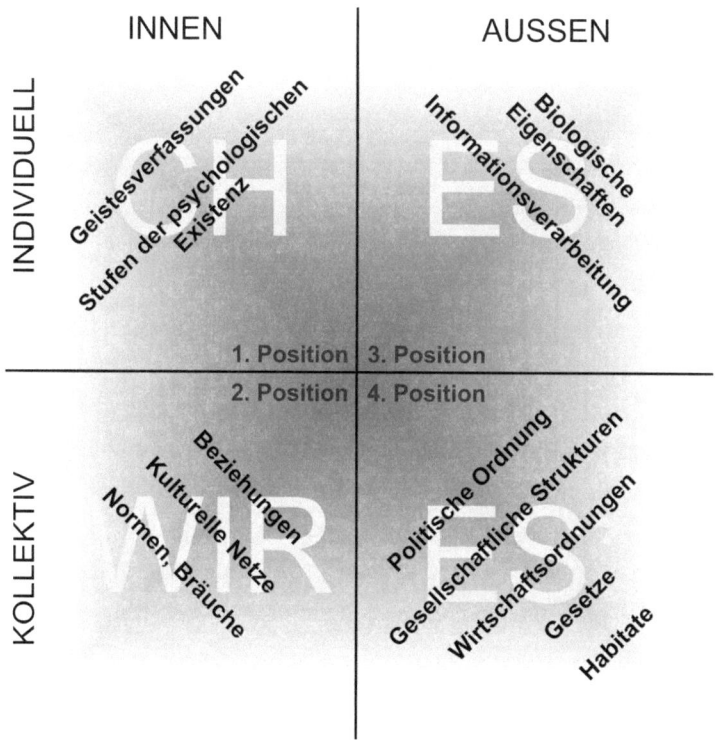

Abbildung 5: Themenkomplexe des integralen Ansatzes

Neben diesen, teils neuen Themenkomplexen, finden sich aber auch verschiedene der aus Abbildung 2 bekannten Begriffe, beispielsweise die physischen Entwicklungsstufen des Gehirns aus dem oberen rechten Quadranten oder die Gesellschaftsformen aus dem unteren rechten Quadranten in der Abbildung 6 wieder. Diese natürlich nur in dem Umfang, wie sie im nunmehr betrachteten Zeitraum – seit dem Auftritt der frühen Menschen – in Erscheinung getreten sind, nicht hingegen mit den Aspekten, die sich bei einer Betrachtung seit dem Bestehen des Universums, vor dem Auftritt des Menschen auf der Bühne des „Seins" abgespielt haben[88].

Nach diesen einführenden Erläuterungen soll nun aber Abbildung 6 eingeführt werden und für sich selbst sprechen.

---

[88] Hierdurch fallen die Ebenen 1 – 8 aus Abbildung 2 de facto weg, wohingegen die Ebenen ab Ebene 9 aufwärts eingehender betrachtet werden als in Abbildung 2, denn diese fünf verbleibenden Ebenen werden nun in acht Stufen gegliedert, was natürlich eine feinere Abstufung ermöglicht.

Der integrale Spiral Dynamics & AQAL Diamant (ISA)

Abbildung 6: Der integrale Ansatz aus Spiral Dynamics und AQAL

III. Einsatzmöglichkeiten in der Mediation

Nach der Vorstellung von ISA, dem integralen Ansatz aus Spiral Dynamics und AQAL[89], sollen nun – und das ist das grundlegend Neue an der hier vorgestellten Konzeption – seine Einsatzmöglichkeiten in der Mediation aufgezeigt werden.

Hierbei lässt sich zunächst festhalten, dass ISA ein breites Spektrum von Einsatzmöglichkeiten bietet, so kann selbstverständlich auch ISA im Rahmen einer Nachhaltigkeitsprüfung eingesetzt werden, wie sie zuvor mittels AQAL vorgestellt wurde. Ein weiteres Einsatzgebiet ist, wie im Rahmen von Spiral Dynamics eingeführt, auch das Vorgespräch, allerdings mit einem feinen Unterschied. Während es uns der Einsatz von Spiral Dynamics ermöglichte, im Rahmen des Vorgespräches Hinweise darauf zu erhalten, ob der potenzielle Mediant überhaupt einer Konfliktlösung auf der Basis von Interessen zugänglich ist, geht ISA hier weiter. Spiral Dynamics gibt uns lediglich Aufschluss über die aktuelle Bewusstseinsverfassung des Medianten in spe, die so gewonnenen Erkenntnisse können vom Mediator akzeptiert werden oder nicht und der Mediator kann sich bei seiner Entscheidung, den konkreten Konflikt zu mediieren, hiervon leiten lassen oder auch nicht.

Da dieses Ergebnis für die meisten Mediatoren unbefriedigend sein dürfte, denn letztlich besteht immer die Gefahr, dass man – nach einem eventuell nur kurzen Vorgespräch – zu einer Fehleinschätzung gelangt, scheint es sinnvoll darüber nachzudenken, wie man zu einem fundierteren Ergebnis gelangen kann. Ein weiterer Grund, die folgenden Überlegungen anzustellen, ergibt sich aus der Tatsache, dass die bloße Erkenntnis, wonach ein Mensch in seiner aktuellen Verfassung und/oder Situation keiner Konfliktlösung auf Basis von Interessen zugänglich ist, nicht bedeutet, dass sich dies nicht ändern kann bzw. dass man dem Betreffenden nicht helfen kann, dass sich dies ändert. Dies scheint insbesondere dann sinnvoll zu sein, wenn bestimmte Überzeugungen und/oder unflexible organisatorische Strukturen der Konfliktkompetenz des Einzelnen im Wege stehen. Hier bietet es sich an – sofern der Betreffende sich einer Mediation nicht vollständig verweigert, denn in diesem Fall würde das Prinzip der Freiwilligkeit verletzt werden, sondern vielmehr im Grundsatz offen für neue Wege ist, sich aber nicht vorstellen kann, dass es ihm möglich ist, diese zu beschreiten – das genuine Mediati-

---

[89] In der Folge findet vorrangig die Abkürzung ISA für den integralen Ansatz Verwendung.

onsverfahren mit Coachingelementen anzureichern. Nun stellt sich noch die Frage, in welcher Phase dies geschehen sollte, wozu sich sagen lässt, dass grundsätzlich jede Phase dem Einsatz solcher Elemente zugänglich ist. Im Hinblick auf unsere Problemstellung bietet sich jedoch insbesondere die Phase der Einzelgespräche zwischen der Dokumentation der Positionen und der Interessenfindung an[90]. Diese Phase werde ich in der Folge als Aufbauphase bezeichnen. Dies deshalb, da das Ziel dieser zusätzlichen Phase die Befähigung der Medianten sein soll, Konfliktlösungen auf Basis von Interessen erarbeiten, akzeptieren und umsetzen zu können, wenn ihnen dies aufgrund fehlender Konfliktkompetenz zuvor nicht möglich war, womit es letztlich um den Aufbau von Konfliktkompetenz geht.

Die besondere Eignung dieses Zeitpunkts für die Ansiedelung der Aufbauphase ergibt sich auch daraus, dass der Mediator hier bereits aus den Vorgesprächen und aus der Dokumentation der Positionen den Stand der Dinge kennen gelernt hat. Durch die Analyse der bis dahin mit den Medianten geführten Gespräche kann er die Notwendigkeit oder Nichtnotwendigkeit einer Aufbauphase beurteilen und diese dann nutzen, um die Medianten beim Aufbau der bereits im Rahmen der Interessenfindung benötigten Konfliktkompetenz zu unterstützen.

Nun stellt sich natürlich zunächst die Frage, wie es erreicht werden kann, z. B. jemanden, der in der aktuellen Situation von **ROT** – sei er von einer höheren Stufe aufgrund der Umstände hierhin regrediert oder sei dies seine ohnehin dominierende Bewusstseinsebene – dominiert wird und daher nur einer Lösung auf der Basis von Macht zugänglich ist, in eine solche Verfassung zu versetzen, dass er auch einer Lösungsfindung auf der Basis von Interessen zugänglich ist. Vorab muss klargestellt werden, dass es im Rahmen einer, wenn auch mehrstündigen, Aufbauphase nicht das Ziel sein kann, einen Menschen von der Stufe des **roten** [W]Mems auf die Stufe des **grünen** [W]Mems oder gar noch darüber hinaus in der Art zu transformieren, dass sich sämtliche Aspekte, wie sie in Abbildung 6 dargestellt sind, unmittelbar in ihm manifestieren. Sehr wohl möglich ist es aber, einem Menschen Werkzeuge an die Hand zu geben, die es ihm dann

---

[90] Ich setze in meinem primären Tätigkeitsfeld als Mediator, der innerbetrieblichen Mediation, fast überwiegend die Methode der Shuttle-Mediation ein, da ich hiermit die besten Erfahrungen gemacht habe. Dementsprechend ist auch die hier vorgestellte Methodik primär als Ergänzung der Shuttle-Mediation zu verstehen, da der Einsatz der angesprochenen Coachingelemente in einer face-to-face Mediation nicht zu unterschätzende Probleme aufwerfen kann, angesprochen sei hier insbesondere das Prinzip der Allparteilichkeit. Zudem dürften sich nur wenige Medianten in Anwesenheit der anderen Partei dazu bereiterklären, sich im notwendigen Maße auf ein Coaching einzulassen.

ermöglichen, sich die höheren Bewusstseinsstufen zu erschließen; dies wird kein einfacher, sondern ein steiniger, dafür aber auch ein lohnender Weg für den Medianten sein, denn die in diesem Verfahren erworbenen Fähigkeiten werden sich auch in anderen Lebensbereichen für ihn als nützlich erweisen.

Was ist nun damit gemeint? Nun, es geht darum, den Medianten, mit dem man in die Aufbauphase geht, in den vier Wahrnehmungspositionen zu schulen. Wie bereits gezeigt gibt es einen Zusammenhang zwischen den im Rahmen eines Exkurses eingeführten vier Wahrnehmungspositionen und den vier Quadranten des AQAL und somit auch des ISA-Modells. In Verbindung mit den in Tabelle 3 vorgestellten Zusammenhängen zwischen den Konfliktlösungsformen und den ^{W}Memen aus Spiral Dynamics, die folgerichtig ebenfalls in das ISA-Modell integriert sind, lassen sich die in Tabelle 4 dargestellten Zusammenhänge zwischen ^{W}Memen, Konfliktlösungsbasis und der Befähigung die vier Wahrnehmungspositionen einzunehmen, aus dem ISA-Modell ableiten.

Fähig zum Einnehmen der:	Konfliktlösungsbasis:	^{W}Mem
1st position, 2nd position, 3rd position, 4th position	Interessen	
1st position, 3rd position	Recht	
1st position,	Macht	Beige Purpur Rot Blau Orange Grün Gelb Türkis

Tabelle 4: ^{W}Meme, Konfliktlösungsbasis und die vier Wahrnehmungspositionen[91]

Auf der Grundlage dieser Zusammenhänge lässt sich ableiten, dass eine Person, die vom **grünen** ^{W}Mem oder den ^{W}Memen darüber in ihrem Handeln bestimmt ist, einer Konfliktlösung auf Basis von Interessen zugänglich ist; neben diesem bereits bekannten Zusammenhang lässt sich nun aber auch sagen, dass diese Person dazu in der Lage ist, alle vier Wahrnehmungspositionen einzunehmen, womit es ihr überhaupt erst möglich wird, die Interessen der anderen Beteiligten zu ergründen und diese dann bei der Lösungsfindung zu berücksichtigen. Nun gilt der Umkehrschluss dahingehend, dass das bloße Vermitteln der Fähigkeit, die vier Wahrnehmungspositionen einzunehmen, automatisch dazu führt, dass die Person mit dem Erwerb dieser Fähigkeit zukünftig vom **grünen** ^{W}Mem oder einem darüberliegenden in ihrem Handeln bestimmt wird – wie bereits angedeutet – mit Sicherheit nicht. Hingegen lässt es sich nicht von der Hand wei-

---

[91] Siehe hierzu auch Schweizer in *Haft/Schlieffen*, Handbuch, § 14, Rn. 4f.

sen, dass man der Person mit der Befähigung, die vier Wahrnehmungspositionen ein-zunehmen, das notwendige Handwerkszeug an die Hand geben kann, um die Interes-sen der anderen Beteiligten zu ergründen und um ihr damit auch zu ermöglichen – wenn auch mit der Notwendigkeit weiterer Unterstützung bei diesem Prozess – Lö-sungsoptionen auf der Basis von Interessen zu entwickeln.

Auch wenn dies letztlich nur das Ausbringen der Saat auf **roten** oder **orangefarbenen** Böden sein kann, so können sich doch aus dieser Saat – bei gehöriger Anstrengung des Mediators, die zarten Sprösslinge während des weiteren Verfahrens fortwährend zu kultivieren – leuchtend **grüne** Blätter, die vielleicht sogar von strahlend **gelben** Blüten gekrönt werden, entwickeln.

E. Darstellung der Einsatzmöglichkeiten des Modells am Beispiel eines konkreten Falles

I. Vorbemerkungen

Der folgende Praxisfall wurde von mir in Form einer Geschichte erstellt, um ihn zum einen plastischer zu machen und um dem interessierten Leser die Möglichkeit zu bieten, sich in den Mediator hineinversetzen zu können. Die Namen der beteiligten Personen und Unternehmen, sowie Orts- und Zeitangaben wurden zum Schutz der Beteiligten verändert.

Der Fall stellt keine klassische Mediation[92] dar, vielmehr handelt es sich um eine Konfliktlösung innerhalb eines Teams, bei der ich eine um Coachinginstrumente – hierbei insbesondere auch ISA – angereicherte Shuttle-Mediation einsetzte. Zur ersten Analyse der Konfliktsituation und deren Ursachen in der Teamzusammensetzung wurde von mir auf das Modell von Spiral Dynamics zurückgegriffen. Die auf Basis der Analyse mit einigen Beteiligten durchgeführte Aufbauphase wurde auf der Grundlage von ISA durchgeführt. Bei der abschließenden Überprüfung der Nachhaltigkeit der gefundenen Lösung fand das unter anderem auf Ken Wilbers AQAL-Modell basierende, von Adrian Schweizer für diesen Zweck weiterentwickelte Konzept Anwendung. Während die Vorgeschichte und die zentralen Aspekte der vorgestellten Methode eine ausführliche Darstellung erfahren – so werden die Vorgespräche, die Positionen und deren Analyse umfassend wiedergegeben, da sie den Grundstein des weiteren Vorgehens bilden, zudem wird der Einsatz von ISA in der Aufbauphase am Beispiel von Charis detailliert vorgestellt –, wird der Einsatz der Nachhaltigkeitsprüfung unter Bezugnahme auf seine obige Vorstellung in der notwendigen Kürze dargestellt. Die übrigen Phasen der Mediation, die nicht Schwerpunkt für den Einsatz von ISA – und auch der anderen Modelle – sind, erfolgt zum Teil in knappen Zusammenfassungen – zum Teil mit einigen Beispielen aus den Sitzungen mit Charis – bzw. in stichpunktartigen Darstellungen der jeweiligen Phasenergebnisse.

---

[92] Wie sie in zahlreichen Darstellungen in der Literatur zu finden ist, statt vieler einer: Ponschab in *Ponschab/Schweizer*, Schlüsselqualifikationen, S. 210ff.

II. Vorgeschichte

Der beschriebene Konflikt entwickelte sich langsam, beginnend im zweiten Halbjahr 2007 und verschärfte sich zunehmend im ersten Quartal 2008. Die von mir durchgeführte Konfliktlösung zog sich nahezu durch das gesamte zweite Quartal 2008.

Ort des Konfliktes war mein Kunde, die Voxocom SPG GmbH in Düsseldorf, bei dem ich seit Anfang 2006 als freiberuflicher Unternehmensberater im Bereich Qualitätssicherung tätig war. In diesem Bereich waren zunächst 40-50 Berater – sowohl Freiberufler als auch Mitarbeiter – zahlreicher Beratungsunternehmen eingesetzt. Anfang 2007 begann nun eines dieser Beratungsunternehmen, die Egoist AG, Gerüchte zu streuen, wodurch zahlreiche dieser Berater befürchteten, ihren Auftrag zu verlieren, was sie dazu bewegte, sich vorsorglich von der Egoist AG anstellen zu lassen. Letztlich ging der Plan der Egoist AG auf, große Anteile des Knowhows konnten durch die Anstellung der eingeschüchterten Berater in das eigene Unternehmen geholt werden, wodurch ideale Voraussetzungen geschaffen wurden, um einen großen Teil der Abteilung in Form eines Outsourcingprojektes zu übernehmen. Die Folge war nun in der Tat, dass ein Großteil der Testaktivitäten an die Egoist AG outgesourced wurde. Die Berater, die sich nicht mit dieser Maßnahme instrumentalisieren ließen, verließen entweder die Voxocom SPG GmbH nach Ablauf ihrer Verträge oder wurden Mitglied des BAU Teams unter meiner Leitung. Das BAU Team nahm die zentrale Schnittstellenfunktion zwischen Entwicklung, Egoist Testline (der outgesourcte Anteil der Abteilung) und Produktion war und verblieb daher unter zentraler Kontrolle der Voxocom SPG GmbH.

Durch diese zentrale Position war es mir daher weiterhin möglich, auch die internen Entwicklungen in der Egoist Testline zu verfolgen, was noch dadurch ergänzt wurde, dass ich zu einigen der abgeworbenen Berater ein gutes persönliches Verhältnis hatte und noch heute habe, welches sich aus der vorherigen direkten Zusammenarbeit entwickelt hat und heute zum Teil bis in den privaten Bereich erstreckt.

Anzumerken bleibt noch, dass die Egoist Testline aus 15-20 Beratern bestand, die sowohl die Funktionen Tester als auch Testkoordinator für unterschiedlichste Teilprojekte wahrnahmen. Das Team hatte zudem einen internen Teamleiter, der für die Aufgabenverteilung zuständig war und zudem die Schnittstelle zum Kunden, der Voxocom SPG GmbH, darstellte.

III. Der Konflikt

Wie bereits erwähnt, trat der Konflikt Anfang 2008 in seine heiße Phase ein, als es zu immer größeren Differenzen zwischen dem Teamleiter der Egoist Testline und den Teammitgliedern kam, insbesondere zu den erfahrenen Teammitgliedern, die ein Jahr zuvor angeworben worden waren.

i. Die Konfliktparteien

1. Leander – Der Teamleiter

Leander (33) war der interne Teamleiter der Egoist Testline. Bis zum Sommer 2007 war er Testkoordinator und die Position des Teamleiters (in einer weniger ausgeprägten/offiziellen Version) wurde von Alwin wahrgenommen. Während Alwins Sommerurlaub 2007 gelang es Leander, die Bedeutung dieser Rolle hervorzuheben und sich gleichzeitig selbst dafür ins Gespräch zu bringen. Da Alwin zudem nach seinem Sommerurlaub aufgrund seiner Erfahrung als Testmanager außerhalb der Egoist Testline direkt im Testdepartment eingesetzt werden sollte, wurde die Position des Teamleiters letztlich tatsächlich an Leander vergeben. Es liegt auf der Hand, dass die Umstände nicht besonders Harmonie fördernd waren, dennoch ging zunächst alles seinen normalen Weg.

2. Charis, Ture und Mian – Die „alten Hasen"

Charis (26), Ture (34) und Mian (25) waren schon einige Jahre bei der Voxocom SPG GmbH als Tester im Einsatz, ich kannte sie bereits seit Anfang 2006. Bevor sie sich von der Egoist AG im Rahmen des Outsourcingprojektes anstellen ließen, damit sie im gleichen Projekt bei der Voxocom SPG GmbH verbleiben konnten, waren sie Freiberufler oder über einen Zeitvertrag bei anderen Consultingunternehmen beschäftigt. Ein Wechsel zur Egoist AG war maßgeblich dadurch motiviert, dass dies die einzige Chance zu sein schien, in der vertrauten Umgebung weiterarbeiten zu können, die drohende Alternative war die Suche nach einem neuen Projekt mit neuen Menschen und neuen Aufgaben in einem neuen Umfeld.

Da diese Gruppe auf die längste Einsatzzeit bei der Voxocom SPG GmbH zurückblicken konnte und demzufolge über das umfangreichste Knowhow in der Egoist Testline verfügte, stellten sie die Leistungsträger im Team dar und verfügten somit über einen gewissen Einfluss im Team. Aus diesem Grund wird diese Gruppe in der Folge, wenn sie in ihrer Gesamtheit betroffen ist, als die „alten Hasen" bezeichnet, eine Bezeichnung übrigens, die außerhalb der Testline häufig für diese Gruppe Anwendung fand, um sie von den übrigen Mitgliedern der Egoist Testline positiv abzuheben.

3. Bernward und Co. – Die „Neuen"

Bernward und Co. (19-37) waren eine Gruppe, die sich aus unterschiedlichsten Personen zusammensetzte (ohne Ausbildung, mit kaufmännischer Ausbildung, mit technischer Ausbildung, Studienabbrecher, Langzeitstudenten, Akademiker mit fachfremdem Abschluss, Akademiker aus dem mathematisch/technischen Bereich). Ihnen allen war aber gemeinsam, dass sie Berufsanfänger im Bereich Qualitätssicherung/Softwaretesting waren, die zum Teil bei der Egoist AG eine erste Anstellung gefunden hatten und deren erster Kundeneinsatz die Voxocom SPG GmbH war (was auch damit zusammenhing, dass die Egoist AG die Testline bei der Voxocom SPG GmbH als „Trainingslager" für ihre Nachwuchsberater nutzte).

Bedingt durch einen teilweise nur kurzen Aufenthalt im Team bzw. durch die Tatsache, dass sie aufgrund ihrer beruflichen Unerfahrenheit eine andere Wahrnehmungsperspektive hatten als die Gruppe der „alten Hasen", waren sie nur am Rande von dem Konflikt tangiert, sind jedoch nicht als Konfliktparteien im eigentlichen Sinne zu betrachten. Aus diesem Grund waren sie auch nicht Teil der durchgeführten Konfliktlösung und sollen daher in der Folge keine weitere Erwähnung finden, eine kurze Vorstellung an dieser Stelle war jedoch zwingend erforderlich, um dem Leser das gesamte Bild vor Augen zu führen.

ii. Der Konfliktgegenstand

Wie bereits angedeutet, gab es bereits seit Beginn des Outsourcingprojektes Spannungen zwischen Leander und den „alten Hasen", was darauf zurückzuführen war, dass die täglichen Testaufgaben von Leander in einer nicht gerade planvoll anmutenden Art und Weise auf die Tester verteilt wurden. Während zuvor ein Tester ein Teilprojekt über die gesamte Dauer (einige Tage bis zu mehreren Wochen) begleitet hatte, waren nun tageweise, ja zum Teil sogar stundenweise Kurzeinsätze an der Tagesordnung. Die

Wahrnehmung einer solchen „Springerrolle" war nun nicht gerade besonders motivati-
onsfördernd für die „alten Hasen", wurde von diesen jedoch, bedingt durch einen enor-
men Teamgeist und den Wunsch, die „Neuen" zu unterstützen, akzeptiert und ausge-
füllt. Dieser schwelende Konflikt war aber ursächlich dafür, dass der Konflikt später offen ausbrach und eine Lösung ohne Hilfe von außen nicht mehr möglich war.

Hierzu kam es dann im ersten Quartal 2008, als Leander für die Testline Kernarbeitszeiten von 9–17 Uhr einführte. Gleichzeitig wurde festgelegt, dass die Mittagspause nicht
länger als 30 Minuten dauern durfte, unabhängig davon, ob eine längere Pause später
nachgearbeitet würde oder nicht. Zudem sollten die „alten Hasen" nunmehr zusätzlich
zu ihren Testaufgaben die Funktion von Testkoordinatoren übernehmen, womit zahlreiche administrative Tätigkeiten (Statistiken, Reports, Meetings, Conference Calls usw.)
verbunden waren.

Da diese Maßnahmen nur auf wenig Verständnis und Gegenliebe bei den „alten Hasen"
stießen, kam es zu häufigen Missachtungen der neuen Regelungen bzgl. der Arbeitszeit und der Pausen. Dies wiederum wurde von Leander mit der Androhung von disziplinaren Maßnahmen quittiert. Im Hinblick auf die zusätzlichen Aufgaben als Testkoordinatoren wurden diese nur widerwillig übernommen und auf eine rudimentäre Art und
Weise erledigt, die in keinster Weise an die sonst so guten Arbeitsergebnisse erinnerte.
Dadurch wurde Kritik von Leander, aber auch von außerhalb, auf den Plan gerufen, was
teilweise zu heißen Wortgefechten zwischen Leander und Mitgliedern der „alten Hasen"
führte. Letztlich schaukelten sich beide Seiten weiter und weiter auf, sodass eine pro-
duktive Zusammenarbeit nicht mehr möglich war. Während auf der Seite von Leander
immer mehr Regelungen und Kontrollen notwendig erschienen, begann auf der Seite
der „alten Hasen", insbesondere die zuvor tadellose Krankenstatistik zu leiden.

IV. Die Konfliktlösung

i. Wie ich von dem Konflikt erfuhr

Ein Nachlassen bei der Qualität der Arbeitsergebnisse der Testline war mir schon länger aufgefallen, dass dies jedoch die Folge eines Konfliktes war und nicht lediglich Kon-
sequenz aus einer größeren Anzahl von Projekten und einer daraus resultierenden
Überlastung der Testline, wurde mir erstmals in einem Gespräch mit Alberich bewusst.

Alberich war Mitglied meines Teams, ging aber gewohnheitsmäßig fast täglich mit den „alten Hasen" in die Mittagspause. Um die Osterzeit merkte ich, dass er immer häufiger bedrückt aus der Mittagspause zurückkam. In dem darauf folgenden Gespräch stellte sich schnell heraus, dass die Ursache für diese Bedrücktheit nicht in unserem Team, sondern vielmehr in der schlechten Stimmung der „alten Hasen" lag, die in den Gesprächen während der Mittagspause auch ein wenig auf ihn abfärbte. Immer wieder würden sie ihm die aktuellen Entwicklungen und Probleme schildern und gleichzeitig ihren Unmut, verbunden mit Hoffnungslosigkeit, zum Ausdruck bringen. Eigentlich hätte er gar keine große Lust, mit denen Essen zu gehen, da er die ewige Litanei nicht mehr hören könne, auf der anderen Seite wolle er sie aber auch nicht völlig allein lassen. Es wurde deutlich, dass die „alten Hasen" immer mehr unter der aktuellen Entwicklung in der Testline litten, sich aber zugleich handlungsunfähig fühlten und daher nur noch mehr litten. Er hätte denen auch schon einige Tipps gegeben, aber die würden sich nicht helfen lassen wollen und inzwischen wäre er mit seinem Latein am Ende. Mir schien das etwas vorschnell und ich entschied mich dazu, mein eigenes Latein auszupacken und mir einmal selbst einen Eindruck von der Situation zu verschaffen.

ii. Warum ich letztlich in dem Konflikt vermittelte

Den idealen Moment, mir selbst einen Eindruck zu verschaffen, konnte ich kurz nach Ostern inszenieren, als ich an meinem Peugeot 207 CC die Sommerreifen montieren ließ. Charis hatte mich schon häufiger mit zur Arbeit genommen (wir wohnen beide im selben Ort), wenn ich meinen Wagen zum Reifenwechsel oder zur Inspektion gegeben hatte, aber auch, wenn ich in Düsseldorf auf eine Feier von Kollegen eingeladen war und daher den ÖPNV für den Rückweg bevorzugte. Es war also kein großes Problem mit Charis auszumachen, dass sie mich morgens mit zur Arbeit nimmt und am Nachmittag auf dem Rückweg beim Autohaus absetzt, damit ich meinen Wagen wieder in Empfang nehmen konnte.

Die zwei Fahrten würden mir natürlich reichlich Gelegenheit bieten, das Gespräch zu suchen, doch es kam dann doch etwas anders als erwartet. Während die Hinfahrten bisher meist recht schweigend verliefen (Charis war vor den ersten Tassen Kaffee nicht allzu gesprächig), sprudelte es an diesem Morgen nur so aus ihr heraus. In den schillerndsten Farben beschrieb sie mir ihren Unmut und ihre Unzufriedenheit mit der aktuellen Situation, auch die Wortgefechte zwischen ihr und Leander wurden mir detailliert geschildert. Mir wurde schnell klar, dass sie die aktuelle Stimmung in der Testline zutiefst belastete und sie sich nicht mehr wohl bei ihrer Arbeit fühlte. In gewisser Weise erkannte ich sie gar nicht wieder.

Dermaßen geschockt, reifte in mir der Entschluss, dass ich hier etwas tun musste. Und bedingt dadurch, dass der an sich interne Konflikt in der Testline durch die qualitativ schlechteren Arbeitsergebnisse zumindest indirekt auch mein Team beeinflusste, hatte ich auch einen offiziellen Grund, eine Konfliktlösung zu initiieren. Also ging ich den Konflikt an.

iii. Wie ich den Konflikt beilegte

Nachdem ich für mich den Handlungsbedarf erkannt hatte und zu der Entscheidung gekommen war, etwas gegen diesen Konflikt zu unternehmen, sah ich mich zunächst vor die Aufgabe gestellt, die Beteiligten dafür zu gewinnen, sich bei der Lösung ihres Konfliktes von mir helfen zu lassen.

Dass eine Lösung notwendig war, schien offensichtlich allen klar zu sein, dass man dazu jedoch Hilfe benötigen könnte, war ein ganz anderes Thema. Mir wurde deutlich, dass ich hier erst einmal Werbung für alternative Konfliktlösung und auch für mich selbst in dieser etwas anderen als gewohnten Rolle machen musste. Vorgespräche waren unabdingbar.

1. Vorgespräche

a. Charis

Das erste Vorgespräch wollte ich mit Charis führen, da sie bisher die einzige Beteiligte war, die mit mir persönlich über den Konflikt gesprochen hatte. Zudem hatten wir uns schon häufiger darüber unterhalten, dass ich mich mit so „komischem Zeugs" (wie sie sagte) wie Mediation, Kommunikation, NLP, Hypnose und Psychologie beschäftige, wodurch ich die Hoffnung hegte, sie, bedingt durch dieses bereits vorhandene Interesse, am leichtesten für eine gemeinsame Lösungsfindung begeistern zu können, wodurch ich in der Folge wiederum erwartete, Charis als Multiplikator in der Gruppe der „alten Hasen" zu haben.

Die Möglichkeit zu diesem Vorgespräch bot sich praktischerweise bereits am selben Nachmittag auf dem Rückweg von der Arbeit zum Autohaus, wo mein Wagen bereits mit den Sommerreifen auf mich wartete.

Ich sprach Charis direkt darauf an, wie sie sich denn die weitere Zukunft in der Testline vorstelle, schließlich könne es so ja nicht weitergehen, da sich der Ärger ja bereits jetzt auf ihr Gemüt niedergeschlagen hätte und es von allein bestimmt nicht besser werden würde. Zunächst zauderte sie, sagte dann aber, dass sie und die Kollegen bereits etwas unternehmen würden, sie würden demnächst zusammen einen Brief an den Geschäftsstellenführer der Egoist AG verfassen, in dem sie die aktuelle Situation schildern und sich über das Verhalten von Leander beschweren wollten.

Bei mir schrillten die Alarmglocken, so was konnte doch nur schiefgehen, außerdem haftete dem irgendwie der fade Beigeschmack von Meuterei an.

Ich sagte daher Charis, dass ich das für einen suboptimalen Lösungsansatz hielte, da der Konflikt so schnell von der Arbeitsebene auf die persönliche Ebene umschlagen könnte. Schließlich hätte der Geschäftsstellenleiter nur eine begrenzte Anzahl von Handlungsalternativen als Reaktion auf den Brief und die schienen mir alle nicht besonders attraktiv:

- Die Geschäftsstellenleitung könnte das Schreiben ignorieren, was zumindest die Lösung wäre, die nichts verschlimmert.

- Die Geschäftsstellenleitung könnte ein Gespräch mit Leander führen und diesen ermahnen, sein Team in den Griff zu bekommen. Dies würde die Situation wohl eher verschärfen, da Leander sich hintergangen fühlen könnte, er könnte daher zu der Überlegung komme, noch härter durchgreifen zu müssen.

- Die Geschäftsstellenleitung könnte den Beschwerdeführern einen Wechsel in andere Projekte anbieten. Die Option scheint allerdings auch nicht besonders attraktiv, wenn man extrem auf ein Projekt fixiert ist und hierfür bereits den Arbeitgeber gewechselt hat.

- Die Geschäftsstellenleitung könnte Leander einen Wechsel in ein anderes Projekt nahelegen bzw. ihn versetzen. Damit wäre zwar der konkrete Konflikt von der Tagesordnung, es wäre aber unklar, wie sich der Nachfolger entwickelt und auch das persönliche Verhältnis zu Leander wäre auf Dauer geschädigt, was einer eventuellen späteren Zusammenarbeit in einem anderen Projekt auch nicht zuträglich wäre.

Ich erläuterte Charis daraufhin, dass es eine wesentlich bessere Alternative gäbe, man solle gemeinsam einen Kodex über die zukünftige Zusammenarbeit und das zukünftige Miteinander erarbeiten, der die Interessen hinter den Positionen berücksichtigen würde. Zur Illustration der Unterschiede zwischen Interessen und Positionen erzählte ich ihr vom Streit um die Ugly-Orangen[93], daraufhin leuchtete es ihr ein, dass die bisher geplante Vorgehensweise wohl eher weitere negative Effekte hervorrufen würde. Damit war der erste Schritt getan, Charis hatte erkannt, dass es auch eine alternative Lösung des Konflikts geben könnte, auch wenn ihr noch nicht bewusst war, wie dies funktionieren sollte.

Sie fragte mich dann, wie es jetzt weitergehen solle. Ich bot ihr dann an, ein unverfängliches Gespräch mit Leander zu suchen und ihn dann möglichst beiläufig auf die Situation im Team anzusprechen. Ich könne dann je nach seiner Reaktion auf dieses Thema unterschiedlich reagieren, sodass Charis keine negativen Konsequenzen zu befürchten hätte, denn notfalls könnte ich ja einfach das Gespräch abbrechen, dann hätte zwar niemand etwas gewonnen, aber auch niemand etwas verloren, außer etwas Zeit vielleicht. Dies gefiel Charis, denn sie wusste aus der Vergangenheit, dass ich das durchaus hinbekommen könnte, daher erklärte sie sich einverstanden. Ich sagte ihr, dass wir im Vorfeld aber auch noch mit den anderen „alten Hasen" darüber reden müssten, denn auch sie müssten sich auf diese Option einlassen. Ich würde es daher für eine gute Idee halten, wenn sie zunächst mit den beiden reden und ich später nur noch offene Fragen klären würde, schließlich habe sie den engeren Kontakt zu beiden und kenne deren Situation aus eigener Erfahrung. Charis fand diese Idee zunächst nicht so gut, da sie die anderen eigentlich nicht beeinflussen wollte, nach einigen Überlegungen stimmte sie jedoch zu und versprach mir, in den nächsten Tagen mit den beiden darüber zu sprechen. Damit endete dann auch unser Gespräch, da wir bereits auf dem Parkplatz des Autohauses angekommen waren, wo ich nun, nach der Verabschiedung von Charis, endlich meinen Peugeot 207 CC mit Sommerreifen wieder in Empfang nehmen durfte.

---

[93] Bei der Geschichte von den Ugly-Orangen handelt es sich um eine ausgeschmückte und auf eine größere Beteiligtenzahl adaptierte Version des Orangenbeispiels, in dem sich zwei Geschwister um eine vollständige Orange streiten, obwohl eines nur die Schale und das andere nur den Saft benötigt.

b. Die anderen „alten Hasen"

In der Tat bewies es sich als gute Idee, Charis als Multiplikator für die anderen beiden Mitglieder der Gruppe einzusetzen. Bereits nach wenigen Tagen fragte mich Charis, ob ich nicht mal mit ihr und den anderen zusammen in die Mittagspause gehen wolle, damit ich unter anderem ein paar kleinere Verständnislücken schließen und einige Fragen beantworten könnte. Bei diesem gemeinsamen Mittagessen, das dann noch am selben Tage stattfand, waren tatsächlich nur einige unkomplizierte Punkte zu erläutern, viel wichtiger schien es, nochmals zu verdeutlichen, dass ich mit dem notwendigen Fingerspitzengefühl an Leander herangehen würde, sodass hier keine negativen Auswirkungen auf die drei zu befürchten wären.

c. Leander

Eine ungleich größere Herausforderung stellte hingegen Leander dar. Ihm musste ich verdeutlichen, dass eine alternative Lösung für einen Konflikt die bessere Option wäre, obwohl ich mir nicht sicher sein konnte, ob er diesen Konflikt überhaupt als Konflikt wahrnahm. Ich entschloss mich daher, unser nächstes Meeting im Hinblick auf die Testfalloptimierung für etwas Smalltalk zu nutzen, um das Gespräch dann in eine bestimmte Richtung abdriften zu lassen. So kam es dann auch; nach einigen Plattitüden über sein Hobby Motorradrennen und meine Cabrioausflüge am Wochenende fragte ich ihn nach der Stimmung in seinem Team. Zur Antwort bekam ich, dass man viel zu tun hätte und das wäre gut, auch wenn die eine oder der andere dem offensichtlich nicht gewachsen wären, aber alles in allem würde es gut laufen und wir sollten uns nun der Testfalloptimierung zuwenden. Er versuchte auszuweichen.

Das konnte ich natürlich nicht zulassen, also fragte ich nach: „Was genau lässt dich annehmen, Leander, dass die eine oder der andere der Arbeitslast nicht gewachsen ist?"
Mit dieser Frage – zum Einsatz kam hierbei das von John Grinder und Richard Bandler entwickelte Metamodell der Sprache[94] – hatte er offensichtlich nicht gerechnet und es schien ihm auch nicht einfach zu sein, eine Antwort zu finden: „Ich bin mir nicht sicher, was du mit dieser Frage meinst. Es liegt doch auf der Hand, dass ein erhöhter Krankenstand nichts anderes ist als verdeckte Arbeitsverweigerung, weil man nicht mehr wie

---

[94] Zum Metamodell der Sprache siehe Schweizer in *Ponschab/Schweizer*, Schlüsselqualifikationen, S. 19ff., 30; s.a. *Bandler/Grinder*, Magie I; *Bandler/Grinder*, Magie II; siehe auch Anhang G.

früher den halben Tag Pause machen kann, sondern die vollen acht Stunden zu arbeiten hat. Aber dieses Problem bin ich bereits angegangen und es wird sich ziemlich bald in Luft aufgelöst haben."

Dies schien mir eine etwas fragwürdige Ansicht zu sein, sodass ich noch etwas nachhaken wollte: „Das ist aber eine sehr interessante Ansicht, Leander. Was genau lässt dich denn zu der Ansicht kommen, dass Krankheit nichts anderes als Arbeitsverweigerung sei und was lässt dich auf einen Zusammenhang zur Arbeitslast schließen? Wie bist du dieses Problem angegangen und was lässt dich annehmen, dass es bald gelöst sein wird?".

„du weist selber, Michael, dass hier früher alle ein bis anderthalb Stunden Mittagspause gemacht haben, dazu noch unzählige Raucher- und Kaffeepausen. Außerdem kam und ging jeder, wann er wollte, dass ging halt nicht so weiter, so kann ich nicht planen. Aus diesem Grunde habe ich Kernarbeitszeiten eingeführt, um mehr Planungssicherheit zu gewinnen, das macht es für alle einfacher und es muss nicht mehr jeder von Projekt zu Projekt springen. Aber das wollen die nicht verstehen, die regen sich noch darüber auf und danken mit erhöhten Fehlzeiten und absichtlichem Zuspätkommen und die Arbeitsleistung lässt auch zu wünschen übrig. Aber da halte ich jetzt gegen und wenn die es nicht verstehen wollen, dann müssen wir halt auch über disziplinarische Maßnahmen nachdenken."

„Leander, hältst du das wirklich für eine gute Idee? Was lässt dich denn vermuten, dass sich die Entwicklungen im Team gegen dich richten? Hast du dem Team Deine Motivation für die neuen Regelungen erklärt oder sie lediglich angeordnet?"

„Nun, großartig erklärt habe ich die Gründe für die Regelungen nicht, die liegen doch auf der Hand. Und da sie von mir kommen, richtet sich der Widerstand auch gegen mich, also muss ich dagegenhalten."

„Könntest du dir vorstellen, dass die plötzliche Einführung solcher Regelungen ohne weitere Begründung eventuell dazu führen kann, dass man sich geringer geschätzt fühlt als zuvor und sich so etwas negativ auf die Motivation auswirkt? Wie wäre es für dich, Leander, wenn der Gordi (der Vorgesetzte von Leander) von dir eine tägliche Übersicht deiner Einsatzplanung des Teams verlangen würde? Würdest du dann nicht denken, dass er Zweifel an deinen Fähigkeiten als Teamleiter hätte und dass er deshalb auf Nummer sicher gehen will und sich lieber selber einen Überblick verschafft als davon auszugehen, dass du schon alles regeln wirst?"

Leander schien durch diese Frage etwas verwirrt, nach einiger Zeit meinte er: „Warum sollte er so etwas tun, schließlich habe ich alles unter Kontrolle!"

„Was wäre, wenn er es dennoch tun würde und zwar ohne dir auch nur ansatzweise zu erläutern, warum er es macht?"

„Das würde ich mir nicht bietenlassen, dass würde meine Leistung abwerten und auch anderen den Eindruck vermitteln, dass ich meine Aufgaben nicht alleine auf die Reihe bekomme!"

Da Leander nun schon etwas aggressiv geworden war, beschloss ich, direkt nachzusetzen: „So, Leander, und wie fühlt sich wohl jetzt dein Team, nachdem du ihm ohne jegliche Begründung einen völlig neuen Tagesablauf vorgeschrieben hast?"

Leander wurde etwas blass und scheinbar fehlten ihm die Worte, um auf diese Frage eine Antwort zu finden. Da gab ich ihm einen Tipp: „Könnte es vielleicht sein, Leander, dass sie sich so fühlen, wie du es mir gerade für den Fall beschrieben hast, dass Gordi sich in deinen Aufgabenbereich einmischt?"

„Nun, ähh … ich weiß nicht … ja vielleicht … obwohl es etwas anderes ist … aber gut, möglich könnte das sein … so gedacht war das aber nicht von mir."

Offensichtlich hatte Leander hier gerade so etwas wie einen Moment der Erkenntnis erlebt, diesen wollte ich nutzen: „Könntest du dir nicht vielleicht vorstellen, eine andere Lösung zu finden, die genau jene Vorteile bringt, die du mir vorhin beschrieben hast, aber ohne im Team für Unruhe und Missstimmung zu sorgen, schließlich dürfte sich eine solche Lösung ja auch positiv auf die Motivation und somit, deiner Meinung nach, auch auf den Krankenstand auswirken?"

„Schön wäre so etwas bestimmt, aber wie sollte das aussehen? Mir fällt da spontan nichts zu ein und alles mit dem Team zu diskutieren, kommt für mich nicht infrage!"

„Nun, Leander, es gibt durchaus Alternativen, mit denen man eine Lösung finden kann, die für alle zufrieden stellend ist, die langfristig ausgelegt ist und bei der man daher nicht bei jeder Kleinigkeit anfangen muss, alles von vorne zu diskutieren."

„Na, da bin ich mal gespannt, was du mir jetzt wieder erzählst, Michael!"

In der Folge erklärte ich Leander in aller Kürze das Verfahren und die Verfahrensgrundsätze der Mediation und da es mir hier geboten schien, insbesondere die Option, lediglich einzelne mediative Elemente zur Konfliktlösung einzusetzen. Da ich auch mit ihm bereits früher über meine Weiterbildung in diesem Bereich gesprochen hatte, konnte ich auf einiges zurückgreifen. Auch die Coachingelemente, die mir in diesem Fall nutzbringend erschienen, sprach ich kurz an.

Leander hörte mir aufmerksam zu, dann meinte er: „Das hört sich ja alles ganz toll an, Michael, allerdings will ich hier keine Großveranstaltung haben, wo sich alle gegenseitig ins Wort fallen, das macht nur noch mehr Probleme, gibt es denn keine andere Möglichkeit?"

Da ich wusste, dass auch die „alten Hasen" nicht in epischer Breite ihre Ansichten mit Leander diskutieren wollten, schlug ich vor: „Leander, es gäbe auch die Möglichkeit, dass ich mit allen Beteiligten Einzelgespräche führe, um mit ihnen die jeweiligen Interessen hinter den Positionen herauszuarbeiten und Lösungsvorschläge zu erarbeiten. Erst dann würden wir uns zusammensetzen, um die endgültige Lösung abzustimmen und festzulegen.".

Nach kurzem Überlegen meinte Leander: „Okay, das kannst du ja mal probieren und wir schauen dann, was dabei rauskommt, Hauptsache, es nimmt auch nicht zu viel Zeit in Anspruch."

Nachdem ich Leander zugesagt hatte, eine zeitsparende Vorgehensweise zu wählen, denn schließlich könne man auch einige der Einzelgespräche mit einem Mittagessen verbinden, verblieben wir so, dass ich in der Folge mit den Einzelgesprächen beginnen sollte. Sobald sich allerdings abzeichnen sollte, dass eine Lösung auf diesem Wege unwahrscheinlich ist, sollte ich das Verfahren abbrechen und alle darüber informieren.

Nun wendeten wir uns wieder der Testfalloptimierung zu, denn schließlich war dies ja der Anlass für das heutige Zusammentreffen.

d. Resultate der Vorgespräche

Nach den Vorgesprächen hatte sich nun folgende Resultate eingestellt:

- Alle Beteiligten waren mit dem Versuch, eine Lösung für ihren Konflikt mithilfe eines alternativen Verfahrens zu finden, einverstanden.
- Es wurde zunächst die Durchführung von Einzelgesprächen gewünscht, erst und nur dann, wenn eine Lösung möglich schien, wollte man sich zusammensetzen.
- Alle Parteien waren mit mir als Verfahrensleiter einverstanden.
- Das Verfahren sollte alsbald beginnen und nicht allzu zeitintensiv sein.

Auf der Grundlage dieser Verfahrensanforderungen entschied ich mich dazu, zunächst Einzelgespräche mit den Beteiligten zu führen. In diesen Einzelgesprächen, die ich jeweils mit einem gemeinsamen Mittagessen in der Düsseldorfer Altstadt verbinden würde, wollte ich zunächst die jeweiligen Positionen dokumentieren, um dann auf Grundlage der gewonnenen Eindrücke aus Vorgesprächen und Positionsdokumentationsphase über die Notwendigkeit einer Aufbauphase entscheiden zu können.

2. Einzelgespräche, Dokumentation der Positionen

Nun standen also die ersten Einzelgespräche an, bei denen es um die Erfassung und Dokumentation der Positionen gehen würde. Hierbei wollte ich in erster Linie selbst ein besseres Verständnis der Situation gewinnen, sodass ich später ein Gesamtbild gewonnen hätte, das ich beim weiteren Vorgehen zu Grunde legen könnte.

a. Charis

Ich begann also mit Charis. Wir hatten abgesprochen, dass wir uns um Viertel nach zwölf vor dem Gebäude treffen würden, um uns dann zu überlegen, wohin wir zum Essen gehen würden. Unsere Wahl fiel dann schließlich auf Pizza Hut und bereits auf dem Weg dorthin bat ich sie, mir nochmals ihre Positionen in dem Konflikt zu nennen, allerdings diesmal in aller Ruhe und eine nach der anderen. Sie hatte eine Menge zu erzählen und offensichtlich war sie erleichtert, einmal alles loszuwerden. Ihre zentralen Positionen waren:

- Charis sieht sich selbst als Testerin, das wäre ihr „Ding", andere Aufgaben wie Test-koordination oder -management möchte sie hingegen nicht wahrnehmen, sie möchte nicht stundenlang an Telefonkonferenzen oder Meetings teilnehmen, die letztlich doch ohne sinnvolles Ergebnis bleiben.

- Dass sie unterschiedlichste Testaufgaben bekommt, ist für sie in Ordnung, ja sogar etwas, was ihr Spaß macht, allerdings möchte sie gerne ein Projekt bis zum Ende betreuen und nicht mehrmals am Tag von Projekt zu Projekt springen. Wenn möglich, wären ihr Multimediaapplikationen als Schwerpunktthemen willkommen.

- Die eingeführten Kernarbeitszeiten von 9–17 Uhr sind für Charis problematisch, da sich die reine Fahrtzeit zur Arbeit und zurück dadurch um gut eineinhalb Stunden verlängert. Könnte sie hingegen wie bisher um 7 Uhr anfangen und dementsprechend früher aufhören, könnte sie dem Berufsverkehr und den damit verbundenen Staus entgehen. Diese Position konnte ich gut verstehen, da ich schließlich jeden Tag die gleiche Strecke fahre; glücklicherweise konnte ich auch problemlos zwischen 6–7 Uhr zur Arbeit erscheinen.

- Die Festlegung der Mittagspause auf 30 Minuten sah sie als Einschränkung ihrer persönlichen Freiheit, zudem empfand sie dies als ungerecht und unbegründet, schließlich habe sie bisher immer die vollen acht Stunden gearbeitet und die Dauer einer längeren Mittagspause bzw. der Raucherpausen am Nachmittag nachgeholt, dadurch sei sie teilweise bis zu zehn Stunden im Büro, obwohl sie nur acht Stunden aufschreibe.

- Sie möchte sehr gerne bei Voxacom eingesetzt bleiben, hier gefalle es ihr halt sehr gut. Auch ihrem Arbeitgeber steht sie positiv gegenüber, auch wenn sich einiges anders entwickelt hat, als es ihr versprochen worden war. Da sie ihren jetzigen Arbeitsplatz als sicher betrachtet, möchte sie diesbezüglich auch keine Änderungen, dennoch belastet sie die schlechte Stimmung psychisch.

Damit hatten wir nun Charis' zentrale Positionen zusammengetragen und es wurde auch langsam wieder Zeit, zum Büro zurückzukehren.

b. Ture

Mit Ture traf ich mich zwei Tage später beim „Schnitzelhuber", auch wenn ich es persönlich nicht nachvollziehen konnte, wie man seinem Magen dessen Schnitzel zumuten konnte. Nach einiger Zeit hatte ich Tures zentrale Positionen erfasst:

- Ture wollte, dass die Stimmung im Team wieder so gut wie früher wäre, denn die negative Stimmung gegenüber Leander wirke sich auch auf die Stimmung untereinander negativ aus. Dies schlage ihm so auf den Magen, dass er bereits über Konsequenzen nachdenke, obwohl er eigentlich unbedingt bei Egoist weiterarbeiten möchte.

- Er wollte die Abschaffung der Kernarbeitszeiten oder zumindest die Einführung von mehr Flexibilität, da die 30 Minuten Spielraum zu knapp bemessen wären, um zu vermeiden, dass die Kollegen stundenlang im Stau stehen müssten.

- Die Pausenzeiten sollten wieder gelockert werden, schließlich arbeite man die Zeit immer nach und bei der jetzigen Regelung wäre man praktisch gezwungen, in der Voxacom Kantine zu essen, wo für externe Berater aber ein Aufpreis von 150 % auf den Normalpreis fällig wäre, da wäre es in der Altstadt günstiger.

- Ture würde gerne weniger durch alle Projekte springen, er wäre lieber wie früher Experte für ein oder zwei der zentralen Applikationen wie SMI, 3PM oder CM.

- Er findet es zwar gut, die neuen Kollegen zu unterstützen, möchte sie aber dennoch nicht ständig „auf dem Schoß" sitzen haben, er würde lieber mit dem alten Team zusammensitzen und dann bei aufkommenden Fragen zu den Kollegen gehen, um diese zu unterstützen.

-

c. Mian

Mian bevorzugte eine traditionelle „Currywurst Pommes Schranke" auf dem Carlsplatz. Nachdem ich am Tag zuvor Bekanntschaft mit dem Schnitzelhuber geschlossen hatte, empfand ich dies geradezu zu als leichte Kost. Nach einem abschließenden Spaziergang an der Rheinpromenade stellten sich seine zentralen Positionen wie folgt dar:

- Mian fühlte sich durch die festgelegten Zeiten bevormundet, er sah das ganze als inakzeptable Drangsalierung durch Leander.

- Hätte er sich nicht gerade durch einen Firmenwagen enger an Egoist gebunden, würde er Konsequenzen ziehen und sich anderweitig orientieren.

- Auch wenn ihm das „Projekthopping" nichts ausmache, würde er sich mehr und frühzeitigere Planung wünschen, da er sich dann selbst besser vorbereiten könnte.
- Die cholerischen Ausbrüche von Leander müssten ein Ende nehmen, sonst könne er für nichts garantieren.
- Die ewige „Umzieherei" von einem Büro ins nächste müsse ein Ende nehmen, er wolle wieder wie früher mit den anderen beiden aus dem alten Team in einem Büro sitzen.
-

d. Leander

Das Treffen mit Leander verlief weniger abwechslungsreich in seinem Büro, aber zumindest gab es hier den hervorragenden Kaffee aus dem italienischen Kaffeevollautomat, der sich allerdings bei Voxacom in jeder Teeküche befindet. Nachdem ich seine Fragen zu den bisherigen Ergebnissen mit einem Hinweis auf die Verfahrensgrundsätze abgeblockt hatte, stellte er die folgenden Positionen in den Raum:

- Da er die Ergebnisse zu verantworten habe, müsse die Arbeitsleistung optimiert werden, anderenfalls wäre die immer größere Zahl von Projekten mit dem Team nicht zu stemmen.
- Zur Optimierung der Arbeitsleistung gehören feste Arbeits- und Pausenzeiten, anderenfalls seien immer nur Teile des Teams anwesend. Ein optimaler Wissens- und Erfahrungstransfer sei aber nur möglich, wenn alle gleichzeitig anwesend wären.
- Das Team müsse mehr Flexibilität zeigen, aufgrund kurzfristiger Projektänderungen und Störungen von Testumgebungen, sei es nicht möglich, den Einsatz des Teams mehrere Tage im Vorfeld zu planen, da müsse nun mal jeder in der Lage sein, sich sofort in einem anderen Projekt zu engagieren.
- Es sei wichtig, dass jeder alles kann, Experten wären wenig hilfreich, wenn es um eine Steigerung der Flexibilität ginge, hier wären wohl eher Generalisten gefragt.
- Das „Rumgezicke" der Teammitglieder müsse ein Ende haben, auch kann es nicht angehen, dass immer wieder „krankgefeiert" wird, die Arbeitsmoral muss sich deutlich verbessern, anderenfalls seinen disziplinarische Maßnahmen unumgänglich.

e. Resultat der Einzelgespräche, Einschätzung der Konfliktkompetenz der Beteiligten

Nun hatte ich die Positionen der vier Beteiligten vor mir liegen und es ging darum, den nächsten Schritt zu planen. Sicher kennt jeder Mediator die Situation, dass er nach dieser Phase ziemlich gegensätzliche Positionen vor sich hat, die auf den ersten Blick die Konfliktlösung in weite Ferne rücken lassen. Doch hier sollte ja einen Schritt weiter gegangen werden und daher galt es, zunächst auf Basis der bisher gewonnen Informationen zu einer Einschätzung der Konfliktkompetenz der Beteiligten zu kommen. War für sie der Weg in ein mediatives Verfahren überhaupt schon begehbar, war es ihnen möglich, auf Basis von Interessen eine Lösung zu erarbeiten oder überwog bei ihnen noch das Verlangen nach einer Lösung auf der Grundlage von Recht oder gar Macht?[95]

Diese Einschätzung sollte mithilfe von Spiral Dynamics auf dem Fundament der bisherigen Äußerungen und dem von mir gewonnenem persönlichen Eindruck der Beteiligten erfolgen. Vor diesem Hintergrund würde ich dann entscheiden ob, mit wem und in welchem Umfang ich eine Aufbauphase durchführen würde, bevor es in die Interessenfindung gehen würde.

aa. Charis

Ich begann mit Charis, bei der sich mir ein geteiltes Bild zeigte. Der persönliche Eindruck hatte mich, wie bereits geschildert, schockiert; bedingt durch die psychische Belastung aufgrund der aktuellen Situation, hatte sie sich zeitweise völlig in sich zurückgezogen und schien sich in ihren Grundbedürfnissen bedroht zu fühlen. Und dies sollte mir auch ein eingehender Blick auf die [W]Meme zeigen, die sich hinter ihren Positionen zu verbargen schienen, aber sehen wir uns dies einmal der Reihe nach an:

- So zeugt der Wunsch von Charis, weiterhin die Funktion einer Testerin ohne zusätzliche Aufgaben wahrnehmen zu wollen, von **purpurfarbigen** Ängsten und einem Bedarf an Sicherheit bei ihrer Arbeit[96]. Hinzu tritt eine **purpurfarbige/ROTE** Abwehrhaltung[97], die zum einen dem Schutz dienen soll, die aber zum andren auch den eige-

---

[95] Vgl. hierzu die oben zu B.III. geschilderten Zusammenhänge.
[96] Dies sind Dinge, wie sie in *Beck/Cowan*, Spiral Dynamics S. 318ff., 321f. beschrieben werden.
[97] Siehe *Beck/Cowan*, Spiral Dynamics S. 331f.

nen **roten** Spaß an der Arbeit – keine „sinnlosen" Telefonkonferenzen oder Meetings – bewahren soll, der hier seinen Ausdruck findet[98].

- Auch in der Ablehnung der häufigen Projektwechsel tritt die bereits aufgezeigte **purpurfarbige/ROTE** Abwehrreaktion zu Tage, die einerseits der Verteidigung des **roten** Spaßes[99] an unterschiedlichen Testaufgaben dient, aber zugleich auch von einem Wunsch nach mehr **blauer** Ordnung[100] zeugt, dem Wunsch nach **blauer** Planungssicherheit.

- Die strikte Ablehnung der Kernarbeitszeiten zeugt vom **roten** Willen, die eigene Freiheit zu verteidigen, allerdings ist hier besondere Vorsicht angebracht, denn da Charis sich hier in einem Kernbereich ihrer Persönlichkeit, ihrer Selbstbestimmung, angegriffen fühlt, kann eine weitere Verschärfung der Situation schnell in eine Regression auf **PURPUR** oder im Extremfall sogar **BEIGE** führen[101]. Vergessen werden darf hier aber auch nicht, dass sie sich hier nicht völlig einer Kooperation verweigert, im Gegenteil, sie will sehr wohl Teil des Ganzen sein und ist auch bereit, dafür persönliche Opfer zu bringen, nur will sie bei all dem unbedingt auch sie selbst bleiben, sie will als Teil der Gemeinschaft ihre Identität und Integrität bewahren. Hierin klingen durchaus die ersten Wünsche nach einer **grünen** Arbeitsatmosphäre an[102].

- Im Hinblick auf die Begrenzung der Mittagspausen sind die **roten** Fronten bereits verhärteter, die bei den Kernarbeitszeiten nur drohende Regression in Richtung **PURPUR**[103] hat hier bereits eingesetzt, auch getrieben dadurch, dass sie ja ihre Pausenzeiten stets in einem großzügigen Maß nachgearbeitet hatte; der empfundene Undank ließ nun den Verteidigungswillen wachsen.

- Charis Wunsch, bei Voxacom bleiben zu können und ihre Bereitschaft, hierfür ggf. bestimmte Einschränkungen in Kauf zu nehmen, zeugen von ihrem Bedürfnis nach **grüner** Harmonie[104], spiegeln aber auch gleichzeitig ihre **purpurfarbige** Angst[105] davor wider, was sie dort draußen in einem anderen Projekt erwarten könnte. Damit

---

[98] Siehe *Beck/Cowan*, Spiral Dynamics S. 343f.
[99] Siehe *Beck/Cowan*, Spiral Dynamics S. 343f.
[100] Siehe *Beck/Cowan*, Spiral Dynamics S. 358ff.
[101] Siehe *Beck/Cowan*, Spiral Dynamics S. 339ff.
[102] Siehe *Beck/Cowan*, Spiral Dynamics S. 406f.
[103] Siehe *Beck/Cowan*, Spiral Dynamics S. 339ff.
[104] Siehe *Beck/Cowan*, Spiral Dynamics S. 405f.
[105] Siehe *Beck/Cowan*, Spiral Dynamics S. 331f.

verbunden ist auch eine Angst, dort draußen das notwendige **ORANGE**[106] zeigen zu müssen, um im Businessalltag bestehen zu können. Der Wunsch, trotz aller Probleme an ihrem Arbeitsplatz bei Egoist festhalten zu wollen, zeugt von einer Angst um die wirtschaftliche Existenz[107].

Betrachtet man nun die [W]Meme, die bei Charis in der damaligen Situation die Oberhand gewonnen hatten, **ROT** und **PURPUR**, so wird einem schnell deutlich, dass Charis in dieser Situation nicht aus sich selbst heraus dazu in der Lage gewesen wäre, eine Lösung auf Basis von Interessen anzustreben; ihre Bereitschaft hierzu war jedoch vorhanden, dies zeigte sich in ihrem Bedarf an **GRÜN**. Aktuell war sie aber nur in der Lage, eine **rote** Lösung auf Grundlage von Macht – beispielsweise durch einen Brief an den Geschäftsstellenleiter – zu fordern oder sich **purpur** passiv der Macht unterzuordnen.

bb. Ture

Als Nächstes betrachtete ich Tures Positionen. Ture machte im Alltag grundsätzlich einen ruhigen, entspannt wirkenden Eindruck, dennoch hatte ich in letzter Zeit auch bei ihm beobachtet, dass ihn die aktuelle Situation belastete. Während er früher stets hilfsbereit war, kam es jetzt immer häufiger dazu, dass er „keine Zeit" hatte:

- Ture lag insbesondere die Stimmung im Team am Herzen, er hatte einen ausgeprägten Bedarf an **grüner** Harmonie[108]. Allerdings zeigt sich durch das Nachdenken über Konsequenzen auch, dass sein „Ich" bereits wieder aufzukeimen begann, er brauchte nicht nur die **grüne** Harmonie der Gruppe sondern auch bereits seinen eigenen **GRÜN/gelben** Seelenfrieden[109].

- Der Wunsch nach mehr Flexibilität bei den Arbeitszeiten zu Gunsten der anderen Teammitglieder zeugte ebenfalls von dem Streben nach **grüner** Harmonie[110], sprach aber auch von einem Hauch **purpurfarbigen** Nestdenkens[111], in dessen Kontext er für das Wohlergehen der Seinigen eintreten wollte.

---

[106] Siehe *Beck/Cowan*, Spiral Dynamics S. 382f., 384f., 389f.
[107] Siehe *Beck/Cowan*, Spiral Dynamics S. 331f., 300f.
[108] Siehe *Beck/Cowan*, Spiral Dynamics S. 405f., 407f., 410f.
[109] Siehe *Beck/Cowan*, Spiral Dynamics S. 416ff.
[110] Siehe *Beck/Cowan*, Spiral Dynamics S. 405f., 407f., 410f.
[111] Siehe *Beck/Cowan*, Spiral Dynamics S. 314f.

- In Bezug auf die Pausenzeiten war Tures Haltung sehr der Haltung von Charis ähnlich, auch er legte einen **roten** Verteidigungswillen[112] im Hinblick auf dieses kleine Stückchen persönliche Freiheit an den Tag, allerdings ohne dass bei ihm die Gefahr zur Regression schon nennenswert in Erscheinung trat. Obwohl Ture hier selbst betroffen war und daher auch **ROT** zeigte, war ihm auch hier die **grüne** Harmonie[113] ein wichtiger Antrieb, um seiner Forderung Nachdruck zu verschaffen.

- Tures Wunsch, nicht mehr ständig durch die Projekte wechseln zu müssen, war ein deutliches Anzeichen für den Wunsch nach **blauer** Ordnung[114], Planbarkeit war ihm wichtig. Gleichzeitig zeugt das Anstreben einer Expertenrolle davon, den Anforderungen der **orangefarbenen** Businesswelt gerecht zu werden und in dieser Welt überzeugen zu können[115], wofür er mehr Selbstsicherheit benötigte, die ihm die Expertenrolle bot.

- Das Verlangen, mit Charis und Mian zusammenzusitzen, ist Ausdruck **purpurfarbigen** Nestdenkens[116], er will die alte Gruppe – den „Stamm der alten Hasen" – bewahren. Für die anderen, die neuen Kollegen will er dennoch da sein, aber auf andere Art und Weise, auf die **orangefarbene** Art und Weise[117], mit entsprechender Zurückhaltung in Bezug auf den persönlichen Faktor.

Die Untersuchung von Tures ^WMemen vermittelte einen äußerst positiven Eindruck. Das klar dominierende ^WMem war **GRÜN** und auch wenn hier Spuren von **purpurfarbigem** Nestdenken, **rotem** Verteidigungswillen, dem Wunsch nach **blauer** Ordnung und ein Hauch von **ORANGE** vorhanden waren, so war sein Denken von diesem harmonischen **GRÜN** doch klar dominiert. Somit schien Ture bereits jetzt fähig, einen Konflikt auf Basis von Interessen lösen zu können, sofern das Umfeld stimmte und auch die anderen Beteiligten hierzu fähig waren, aber um deren Befähigung sollte es ja in der Aufbauphase gehen.

---

[112] Siehe *Beck/Cowan*, Spiral Dynamics S. 339ff.
[113] Siehe *Beck/Cowan*, Spiral Dynamics S. 405f., 407f., 410f.
[114] Siehe *Beck/Cowan*, Spiral Dynamics S. 358ff.
[115] Siehe *Beck/Cowan*, Spiral Dynamics S. 389f.
[116] Siehe *Beck/Cowan*, Spiral Dynamics S. 314f.
[117] Siehe *Beck/Cowan*, Spiral Dynamics S. 388f.

cc. Mian

Ich wandte mich dann den Positionen Mians zu, der in letzter Zeit einen aggressiven, kampfbereiten Eindruck nach außen trug.

- Mians Gefühl, von Leander bevormundet und drangsaliert zu werden, ist Ausdruck von ausgeprägtem **ROT**; er fühlt sich angegriffen und will sich verteidigen. Dies ist der typische Abwehrmechanismus mit der Gefahr der weiteren Regression[118].

- Die Ansage, sich anderweitig orientieren zu wollen, ist eine klare, von materialistischen Motiven getragene **rote** Kampfansage[119], die jedoch aufgrund der durch den Firmenwagen erfolgten engeren Bindung an Egoist gebremst wird, worin **orangefarbener** Konformismus[120] zum Ausdruck gelangt.

- Ähnlich wie Ture hat auch Mian das Verlangen nach mehr **blauer** Ordnung[121], die es ihm seiner Meinung nach ermöglichen würde, in der **orangfarbenen** Businesswelt besser bestehen zu können[122]. Es scheint ihm wichtig, dass seine Arbeit einen guten Eindruck von ihm vermittelt.

- Die recht harsch zum Ausdruck gebrachte Bereitschaft zu einer offenen Konfrontation mit Leander ist geprägt von dem starken **roten** Abwehrmechanismus[123], der so leicht in Regression umschlagen kann. Zudem kommen hier noch der **purpurfarbige** Wille[124], das Nest schützen zu wollen und das unmittelbare Verlangen nach **beigefarbiger** Sicherheit[125] massiv zum Ausdruck.

- Die Ablehnung der ständigen Bürowechsel zeugt ebenfalls von einem Verlangen nach **purpurfarbige** Nestwärme[126], aber auch vom Streben nach **grüner** Harmonie[127], die Mian insbesondere im Kreis der seinen, im Kreis der „alten Hasen" zu finden erhofft.

Bei Mian überwiegt **rote** Verteidigungsbereitschaft. Er will sich und die seinen, aber auch vorhandene Freiräume verteidigen, wodurch die Motivationsmotive den weiten Bogen von **BEIGE**, **PURPUR**, **BLAU**, **ORANGE** bis **GRÜN** umspannen. Für Mian er-

---

[118] Siehe *Beck/Cowan*, Spiral Dynamics S. 339ff.
[119] Siehe *Beck/Cowan*, Spiral Dynamics S. 341ff., 343f.
[120] Siehe *Beck/Cowan*, Spiral Dynamics S. 384f.
[121] Siehe *Beck/Cowan*, Spiral Dynamics S. 358ff.
[122] Siehe *Beck/Cowan*, Spiral Dynamics S. 389f.
[123] Siehe *Beck/Cowan*, Spiral Dynamics S. 339ff.
[124] Siehe *Beck/Cowan*, Spiral Dynamics S. 314f.
[125] Siehe *Beck/Cowan*, Spiral Dynamics S. 300f.
[126] Siehe *Beck/Cowan*, Spiral Dynamics S. 314f.
[127] Siehe *Beck/Cowan*, Spiral Dynamics S. 405f., 407., 410f.

schien jedoch durch die **rote** Dominanz in seinem Denken – trotz dieser Beimischungen – nur eine **rote** Lösung auf der Basis von Macht denkbar.

dd. Leander

Zum Abschluss dieser Betrachtung wenden wir uns nun Leander zu, der zuletzt immer angespannter wirkte. Er schien einfach zu viele Aufgaben gleichzeitig wahrnehmen zu wollen und vielleicht auch zu müssen. Ich sah mir daher an, welche ^WMeme sein Denken dominierten:

- Die Optimierung der Arbeitsleistung ist Leander insbesondere wichtig, da er die Ergebnisse des Teams zu verantworten hat. Dies ist ein typischer Ausdruck von **orangefarbenem** Erfolgsstreben[128], es geht ihm darum, Anerkennung für seine Leistungen zu ernten. Zugleich zeugen die Optimierungsbestrebungen von **orangefarbenem** Ressourcendenken[129], das Kollegen und Mitarbeiter eher nach ihrer Nützlichkeit und weniger nach persönlichen Kriterien beurteilt.

- Für Leander sind die zeitlichen Reglementierungen notwendiger **blauer** Unterbau, denn nur diese **blaue** Ordnung[130] ist seiner Meinung nach in der Lage, das Wissen im Team optimal zu transferieren. Dies wiederum ist seiner Ansicht nach für den Erfolg des Teams unabdingbar und damit wiederum für seinen persönlichen **orangefarbenen** Erfolg[131] als Teamleiter.

- In seiner Forderung nach mehr Flexibilität kommt das **BLAU/orangefarbene** Motto: „Arbeite!"[132] zum Ausdruck. Wenn etwas nach seiner Meinung erforderlich ist, ist es auch richtig und daher darf bzw. muss er es auch von seinem Team einfordern. Des Weiteren klingt hier das **BLAU/orangefarbene** Autoritätsdenken[133] an, denn er urteilt ausschließlich auf seiner eigenen Bewertung der Situation.

- Die Schaffung von Generalisten im Interesse der Flexibilitätssteigerung deutet auf **orangefarbiges** Ressourcendenken[134] hin; die Ressource Team muss sich dem fügen, denn dafür ist sie da. Hier zeigt sich auch abermals das **BLAU/orangefarbene**

---

[128] Siehe *Beck/Cowan*, Spiral Dynamics S. 383f.
[129] Siehe *Beck/Cowan*, Spiral Dynamics S. 388f.
[130] Siehe *Beck/Cowan*, Spiral Dynamics S. 358ff.
[131] Siehe *Beck/Cowan*, Spiral Dynamics S. 383f., 388f.
[132] Siehe *Beck/Cowan*, Spiral Dynamics S. 364ff.
[133] Siehe *Beck/Cowan*, Spiral Dynamics S. 368ff.
[134] Siehe *Beck/Cowan*, Spiral Dynamics S. 388f.

„Arbeite!"[135], welches keinen Raum für die individuellen Wünsche der Teammitglieder hat und das auch nicht dazu in der Lage, ist die individuellen Stärken der Einzelnen zu erkennen und zu fördern, wodurch nur allzu häufig auch unerkannte Potenziale verloren gehen.

- Abermals „Arbeite!" auf **BLAU/orangefarbenen** Aushängen[136], die dem Team die Regeln verkünden als Antwort auf so genanntes „Rumgezicke" und „Krankfeiern". Und sollten die **BLAU/orangefarbenen** Ermahnungen und Aufrufe ihre beabsichtigte Wirkung nicht zeitigen, so werden die disziplinaren Maßnahmen dies schon durch **rote** Dominanz[137] durchzusetzen wissen und vermögen, und zwar ohne Rücksicht auf Verluste im Team.

Leanders Denken ist sehr eindeutig vom **blauen** und vom **orangefarbenen** [W]Mem dominiert, sowie von der **BLAU/orangefarbenen** Übergangsphase zwischen diesen [W]Memen. Er sucht daher eine Lösung auf der Basis von Recht, welches er – als Teamleiter – auf seiner Seite sieht. Seine Lösungsansätze zu den Problemen im Team sind dementsprechend von **blauer** Ordnung, **BLAU/orangefarbener** Forderung von Leistung und **orangefarbenem** Ressourcendenken durchsetzt. Nur wenn eine Lösung auf Basis seiner Rechte nicht möglich ist, zieht er eine Durchsetzung mittels **roter** Macht in Betracht.

3. Aufbauphase

Nach der erfolgten Einschätzung der Konfliktkompetenz der vier Beteiligten bot sich mir das in Abbildung 7 dargestellte Bild. Während mit Ture nur einer bereits die notwendige Konfliktkompetenz besaß, um Kontroversen auf der Ebene der Interessen zu lösen, gab es mit Charis und Mian zwei Beteiligte, die in der konkreten Konfliktsituation nur noch die Möglichkeit zu einer Lösung auf Basis von Macht sahen. Leander hingegen bewegte sich zwischen beiden Extremen und strebte vorrangig eine Lösung auf der Grundlage von Recht an.

Aufgrund der sich mir darbietenden Konstellation entschied ich mich dazu, insbesondere mit Charis und Mian, aber auch mit Leander in die Aufbauphase zu gehen, während

---

[135] Siehe *Beck/Cowan*, Spiral Dynamics S. 364ff.
[136] Siehe *Beck/Cowan*, Spiral Dynamics S. 364ff.
[137] Siehe *Beck/Cowan*, Spiral Dynamics S. 329f.

ich dies bei Ture nicht für notwendig erachtete, da er bereits einer Lösungsfindung auf der Basis von Interessen zugänglich war, sofern sich ihm das geeignete Umfeld bot. Es ging also auch darum, dieses Umfeld zu schaffen.

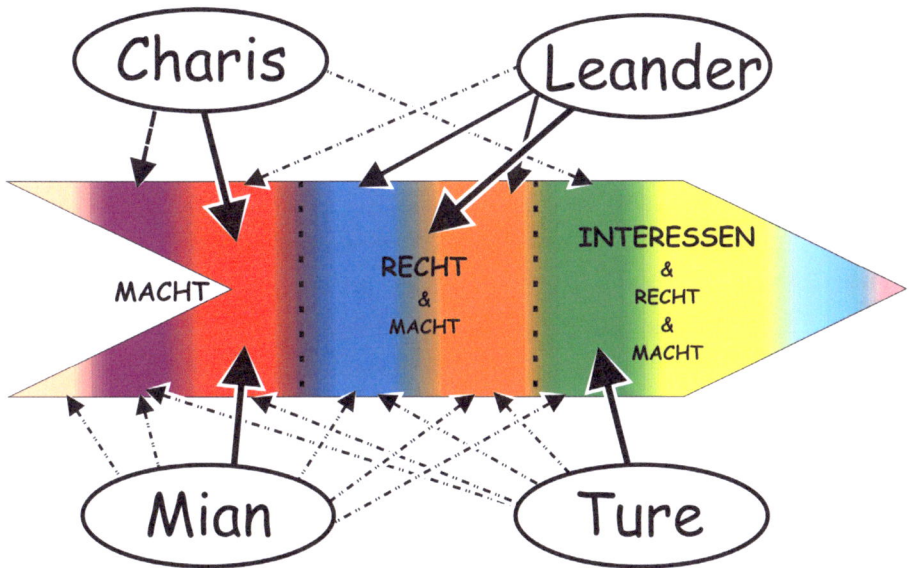

Abbildung 7: Vorhandene Konfliktkompetenz

Anmerkung: Es folgen nun die ausführliche Darstellung der Aufbauphase am Beispiel von Charis, eine zusammenfassende Darstellung der mit Leander durchgeführten Aufbauphase sowie eine kurze Skizzierung des Ergebnisses der mit Mian durchgeführten Aufbauphase. Verwiesen sei dazu auf die theoretischen Ausführungen unter D.III., hier sollte es nun darum gehen, die Theorie in die Praxis umzusetzen. Ich wollte Charis, Mian und Leander in der Aufbauphase beibringen, was die vier Wahrnehmungspositionen sind und wie sie diese dazu nutzen könnten, neben ihren eigenen auch die Interessen der anderen Beteiligten zu ergründen.

a. Charis

Ich begann abermals mit Charis und hatte mir im Vorfeld einige Gedanken dazu gemacht, welcher Ort für die nun folgende Arbeit am besten geeignet wäre. Da es mir sehr vorteilhaft erschien, abseits des Arbeitsumfeldes mit Charis zu arbeiten, um sie auch räumlich von der aktuell negativ geprägten Umgebung zu entfernen, entschied ich mich für den Grugapark in Essen an einem der ersten warmen Frühsommertage. Charis hatte noch einige Überstunden aus den letzten Wochen, die sie nun abbauen konnte und mir ging es in gewisser Weise ähnlich, da sich mein Stundenkontingent für diesen Monat dem Ende zuneigte. Wir trafen uns also um halb zwei und hatten damit noch einige Stunden Zeit, bevor die Sonne hinter den Häusern verschwinden würde.

„Chari, ich freue mich wirklich sehr, dass du dich dazu entschlossen hast, auch diesen nächsten Schritt zu gehen und ich bin guter Dinge, dass wir hiermit Deinem und somit unserem Ziel näher kommen werden, die Zusammenarbeit in der Testline wieder angenehmer für alle zu gestalten."

„Das wäre wirklich schön, Michael, allerdings bin ich da nicht so zuversichtlich und ich hoffe, dieser Nachmittag ist keine Zeitverschwendung, ich hätte stattdessen auch mit meiner besten Freundin shoppen und ins Kino gehen können."

„Mach dir da mal keine Sorgen, lass dich einfach mal auf das ein, was ich dir heute erklären möchte."

„Na gut, wie du meinst!"

Ich erklärte Charis nun zunächst anhand der Beispiele, die ich auch im Exkurs verwendet hatte, die vier Wahrnehmungspositionen.

„Ich weiß nicht Michael, damit kann ich nicht wirklich was anfangen, was soll der Quatsch?"

„Das ist gar nicht so ungewöhnlich, dass dir das jetzt erst einmal etwas merkwürdig vorkommt Chari, deswegen machen wir jetzt auch gleich ein paar Übungen dazu, dann ist es leichter zu verstehen."

„Übungen???"

„Gedankenübungen."

„Hmmm, wie du meinst!"

Ich legte nun zunächst physische Positionen – wir befanden uns inmitten einer Gruppe von Bänken im Park – für die vier Wahrnehmungspositionen fest[138]:

1st position: Standort der 1st position auf der Parkbank direkt neben mir.

2nd position: Standort der 2nd position war auf der Parkbank die uns gegenüber stand.

3rd position: Standort der 3rd position war auf einer Parkbank die quer vor Kopf der anderen beiden Parkbänke stand.

4th position: Standort der 4th position war auf der Wiese gegenüber, von der aus man die Parkbänke und die Leute auf ihnen beobachten konnte.

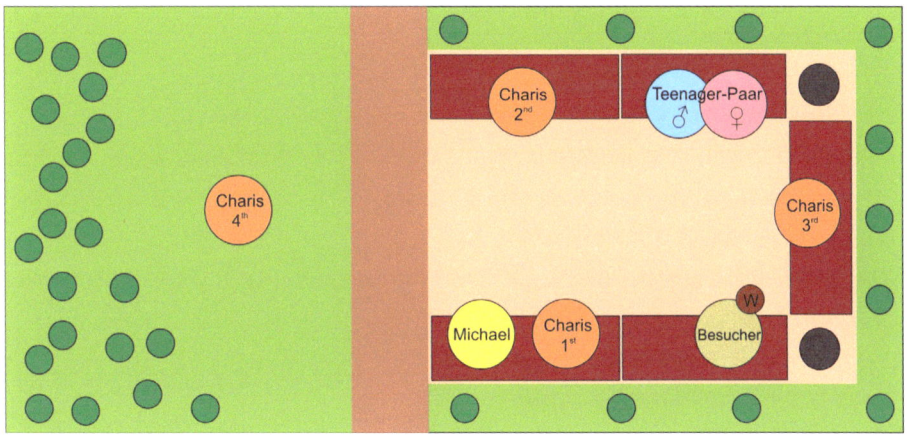

Abbildung 8: Ausgangssetting im Park

Ebenfalls anwesend an diesem schönen sonnigen Frühsommernachmittag waren ein Teenagerpaar und ein älterer Herr mit seinem Hund, einem Dachshund namens Waldi, wie wir immer wieder an seinen Rufen erkennen konnten.

Ich begann nun zunächst mit der 1st position und bat Charis darum, mir die Anordnung aus ihrer eigenen Sicht zu schildern. Sie sollte mir beschreiben, was sie mit ihren eigenen Augen sah.

„Nun … ich sehe mehrere Bänke hier im Park, auf einer sitze ich und du sitzt neben mir. Auf der Bank rechts von mir sitzt ein älterer Mann, der mit seinem Hund spielt, er ruft ihn mit dem Namen Waldi. Schräg gegenüber sitzt ein Pärchen, Arm in Arm, ich denke, sie sind beide noch keine achtzehn, sie macht gerade eine Kaugummiblase."

---

[138] Zum weiteren Vorgehen vgl. auch *Dilts*, Coaching, S. 105, 107f.

„Und was fühlst du?"

„Ich spüre die warme Sonne auf meinem Rücken, das ist schön." Sie lächelte. „Ich fühl mich irgendwie etwas verunsichert bei dem, was ich hier mache, aber ich vertraue dir und es ist in Ordnung."

Damit hatte Charis ihre eigene Sicht und ihre momentanen Gefühle geschildert. Ich ging nun zur 3rd position über.

„Gut, Chari, ich möchte jetzt, dass du zu der Bank dort drüben gehst, die wir als Ort der 3rd position festgelegt haben."

„Allein? Bleibst du hier?"

„Ich komme natürlich mit."

„Okay!"

Wir gingen beide zu der Bank, Charis setzte sich und ich stellte mich hinter die Bank.

„Chari, ich möchte, dass du dir jetzt die Situation aus der Position eines Beobachters ansiehst, die Situation, die sich abgespielt hat, als du mir die Situation aus der 1st position geschildert hast."

„Oki, ich versuch das mal. Hmm … ich sehe mehrere Bänke hier im Park und Leute, die auf ihnen sitzen."

„Wer sind diese Leute und was machen sie?"

„Hmm … vorne links sitzen wir beide …"

„Moment! Wer sitzt da, „Frau Beobachterin"? Bitte seien Sie ganz genau."

„Ähh … ach so, ich verstehe." Sie setzte ein verschmitztes Lächeln auf, „auf der Bank vorne links sitzen Michael und Charis."

„Gut, und was machen die beiden?"

„Charis erzählt Michael, was sie gerade beobachtet und auf Nachfrage schildert sie ihm auch ihre momentanen Gefühle."

„Wer ist noch zu sehen?"

„Auf der Bank direkt links neben mir sitzt ein älterer Herr mit einem Hund und auf der Bank direkt rechts neben mir sitzt ein ziemlich junges Liebespaar, das sich gerade küsst, ich denke, die kommen gerade aus der Schule."

„Welche Gefühle lassen sich bei den Anwesenden beobachten?"

„Hmm … Michael strahlt irgendwie Fürsorge für Charis aus, er will ihr wohl bei irgendetwas helfen. Charis scheint verunsichert durch das, was sie hier im Park machen soll, Michaels Fürsorge wirkt auf sie aber beruhigend. Der ältere Herr scheint glücklich zu sein und freut sich über seinen spielenden Hund. Und das Teenagerpaar scheint die noch junge Liebe zu genießen, beide strahlen beide pures Glück aus."

„Sehr gut, dass hast du wunderbar gemacht. Komm jetzt bitte wieder zurück, Charis, und gehe einige Schritte auf und ab und atme einige Mal tief durch."

Charis machte dies einige Minuten. Sie hatte sich soeben vergegenwärtigt, was es bedeutet, in die 3rd position zu gehen und das hatte auch – nach dem kleinen Nachfragen am Anfang – sehr gut funktioniert. Daher entschloss ich mich, nach der kurzen Pause zum Durchatmen mit der 2nd position fortzufahren.

„Wie geht es dir jetzt, nachdem du einige Minuten spazieren warst, Chari?"

„Es geht mir ganz gut, der Park ist wirklich schön."

„Das freut mich! Geh doch jetzt bitte zu der Bank, die wir für die 2nd position ausgewählt haben und setz dich dort entspannt hin. Ich selbst komme wieder mit und stelle mich hinter die Bank."

„Alles klar! Mach ich!"

„Sehr schön! Du erinnerst dich an das Teenagerpaar, das bis vor einigen Minuten auf einer der Bänke saß?"

„Na klaro, die waren ja nicht zu übersehen."

„Stimmt! Ich möchte jetzt, dass du dich, jetzt oder in einigen Minuten, in die Position des Mädchens versetzt. Stell dir bitte vor, dass du die Welt mit ihren Augen siehst. Lass dir ruhig Zeit dabei, aber selbst wenn es nicht so einfach ist, wird es dir mit Sicherheit gelingen, früher oder später."

Charis schaute zunächst etwas verwirrt drein, daher entschloss ich mich, sie noch ein wenig mehr zu unterstützen.

„Okay, stell dir bitte vor, wie es ist, an der Position zu sitzen, wo dieses Mädchen saß, du spürst die Bank, auf der du sitzt, unter dir und sie fühlt sich bequem an. Du kannst spüren, wie du mit deinen Füßen … Spuren in den Sand auf dem Platz vor der Bank zeichnen kannst, du siehst die Bilder, die diese Spuren im Sand hinterlassen … und hörst das Knirschen des Sandes unter deinen Füßen. Das plötzliche laute Bellen von Waldi, der seinem Ball hinterherjagt, hilft dir, dich noch leichter zu entspannen. Und du spürst die warmen Strahlen der Sonne … auf dein Gesicht scheinen und den Wind … dein Haar zerzausen, hörst das Gezwitscher der Vögel, den Wind … in den Bäumen rauschen und riechst den Duft … den die Rosen hinter der Bank verströmen. Du schmeckst den minzigen Geschmack des Kaugummis, den du gerade kaust … und spürst endlich die Hand deines Freundes, wie sie sanft … und voller Zärtlichkeit durch dein Haar streicht, dir den Nacken streichelt, um dann voller Gefühl … auf deiner Schulter zu ruhen. Und du siehst, was du siehst, du hörst, was du hörst, du riechst, du schmeckst und du spürst, was du spürst."

Charis zeigte eine sichtbare Veränderung, sie wirkte wieder viel entspannter, ihr gesamter Körper spiegelte dies wider und sie setzte ein liebevolles Lächeln auf.

„Was siehst du?" fragte ich sie.

„Ich bin in einem Park und sitze auf einer Bank. Neben mir sitzt mein Freund und er hat seinen Arm um mich gelegt …", sie strahlte, „… uns gegenüber sitzt ein alter Mann mit seinem Hund und schräg gegenüber sitzen Michael und Charis, die sich unterhalten."

„Bleib noch einige Zeit hier und spüre, wie du dich mit jedem Atemzug immer entspannter fühlst und wie es dir mit jedem Atemzug immer leichter fällt nicht nur zu sehen, sondern auch zu fühlen."

„Das ist so schön", rief sie mit einem verträumten Ausdruck im Gesicht aus.

„Was ist denn so Schönes geschehen, möchtest du mir deine Gefühle beschreiben, jetzt oder erst in einigen Augenblicken?"

„Mein Freund hat mich gerade das erste Mal geküsst …", sie strahlte und bebte mit ihrem ganzen Körper „… und er hat mir gesagt, dass er mich liebt."

„Und wie fühlt sich das an?"

„Es kribbelt überall und mir ist so warm."

Ich entschied mich, ihr noch einige Zeit zu geben, um diese positive Erfahrung weiter zu genießen.

„Okay, dann möchte ich, dass du dieses Gefühl weiterhin genießt, ich möchte sogar, dass du es mit jedem Atemzug immer weiter wachsen lässt, solange, bis du völlig von ihm erfüllt bist. Und dann möchte ich, dass du zehnmal ganz tief ein- und ausatmest, um dann wieder zu mir zurück zurückzukommen, um wieder Charis zu sein."

„Na gut."

Es dauerte einige Minuten – offensichtlich wollte sie die Gefühle, die sie gerade überkommen hatten, noch einige Zeit auskosten –, bis sich Charis' Atmung deutlich veränderte, sie begann hörbar tiefer zu atmen. Und nach den zehn tiefen Atemzügen öffnete sie wie selbstverständlich ihre Augen und sagte:

„Das war aber toll! Das möchte ich gerne nochmal machen, Michael."

„Okay, okay, Chari, wir können das später gerne nochmal machen und du wirst sehen, dass es dir mit etwas Übung auch alleine gelingen wird, sich in die Gefühlswelt einer anderen Person hineinzufühlen. Darum sind wir ja heute auch hier", sagte ich mit einem Lächeln.

Was uns nun noch fehlte, war die 4th position. Um ihre Gedanken wieder etwas von dem gerade Erlebten zu entfernen, ging ich zunächst eine Viertelstunde mit Charis spazieren und unterhielt mich mit ihr über unsere Haustiere, ihren Kater und meine drei mongolischen Wüstenrennmäuse. Ich richtete es dabei so ein, dass wir am Ende unseres Gesprächs an dem Punkt auf der Wiese angekommen waren, der den Bänken gegenüber lag und den wir zu Beginn als physischen Standort der 4th position festgelegt hatten. Den durch den Spaziergang gewonnenen nicht nur räumlichen, sondern auch gedanklichen und zeitlichen Abstand wollte ich nun nutzen, um Charis den Zugang zur 4th position möglichst einfach und sanft zu eröffnen.

„So, Chari, und jetzt möchte ich, dass du dich wieder entspannst, dass du jetzt oder in wenigen Augenblicken wieder die Situation im Park siehst, aber diesmal siehst du sie von Weitem, ganz weit weg, du bist nicht mehr selbst hier im Park, nicht mehr Teil der Situation und des Systems, du kannst alles sehen, das ganze System, du siehst Charis, das Mädchen und die Beobachterin, du siehst alle drei Positionen … und du siehst auch die anderen Menschen im Park, die, die du kennst und auch die, die du nicht kennst, du kannst hören, was sie gerade sagen. Aber Raum und Zeit … haben keine Bedeutung mehr, du kannst nach vorn blicken, wie diese Leute den Park verlassen … und auch wieder zurück, wie sie den Park betreten. Du kannst das gesamte System der Parkbesucher überblicken … und auch darüber hinausblicken und du siehst, was du siehst, du hörst, was du hörst, du riechst, du schmeckst und du spürst, was du spürst."

„Das ist ja toll und irgendwie lustig, als wenn ich einen Film vor- und rückwärts abspielen würde, immer und immer wieder, nur so real!"

„Gefällt es dir? Spiel doch einige Zeit mit den Möglichkeiten, die du hier hast und schildere mir dann doch bitte, welchen Eindruck dieses System auf dich macht, passt da alles zusammen oder stimmt irgendetwas nicht?"

„Hmm … es ist wirklich toll! Moment mal, irgendetwas ist komisch an der Situation …"

„Lass dir ruhig Zeit, beobachte die Situation, die dir merkwürdig vorkommt, ganz entspannt, du kannst sie dir immer und immer wieder ansehen, so lange, bis dir früher oder später bewusst wird, was hier nicht ins Bild passt."

Es dauerte einige Minuten, doch dann platzte es geradezu aus Charis heraus.

„Der Junge, es ist der Junge! Ich habe das vorhin gar nicht bemerkt, weil ich so auf die verträumte Ausstrahlung des Mädchens konzentriert war, aber der Junge wirkt bei genauerem Hinsehen irgendwie abgelenkt und während er das Mädchen küsst, spielt er mit der rechten Hand an seinem Handy rum, als ob er eine SMS verschicken wollte. Ich hab jetzt irgendwie den Eindruck, dass er nicht wirklich so verliebt ist, wie das Mädchen denkt, er tut nur so und sie merkt es nicht. Schade, sie sahen so toll zusammen aus." Charis Gesichtsausdruck wirkte nun enttäuscht.

„Ja, das ist wirklich schade. Ich möchte, dass du jetzt wieder einige Male tief durchatmest, ich denke, siebenmal ist eine gute Anzahl. Und wenn du siebenmal tief durchgeatmet hast, wirst du wieder einfach Charis sein, du wirst neben Michael auf einer Wiese im Grugapark stehen und du wirst dich völlig entspannt fühlen."

Als Charis nach den sieben Atemzügen wieder die Augen öffnete, wirkte sie in der Tat entspannt und auf mein Nachfragen sagte sie:

„Ich fühle mich superklasse, ganz toll, dass war total interessant, was wir gerade gemacht haben, so intensiv. Erst die tollen Gefühle in der Rolle des Mädchens und dann leider die Enttäuschung, als ich alles von oben sah."

„Du hast recht, das ist wirklich sehr schade, ich hatte auch den Eindruck, dass sie ein harmonisches Paar wären, aber leider sind die Dinge nicht immer so, wie sie auf den ersten Eindruck erscheinen. Und letztlich ging es ja heute darum, dir genau dies aufzuzeigen, dir zu zeigen, wie du dich mit der Methodik der vier Wahrnehmungspositionen in einer bestimmten Situation auch in die Welt deines Gegenübers hineinfühlen kannst, um ihn und seine Motivation besser verstehen zu können."

„Ja, das hab ich jetzt verstanden, das ist wirklich sehr interessant!"

Wir spazierten noch einige Zeit durch den Park und ich erklärte ihr, dass sie die gelernten Techniken auch im Hinblick auf die aktuellen Probleme in der Testline anwenden könnte. Zudem bat ich sie, in den nächsten Tagen ein bisschen zu üben, denn schließlich würden wir die vier Wahrnehmungspositionen später noch einige Male benötigen. Als es langsam dunkel zu werden begann, verabschiedeten wir uns und traten beide die kurze Fahrt nach Hause an.

b. Leander

Auch bei Leander hatte ich mir Gedanken zu dem geeigneten Umfeld für die Aufbauphase gemacht, allerdings musste ich schnell erkennen, dass es ohnehin schwierig war, ihn zu diesem Schritt zu bewegen, da es für ihn nicht einfach war, die Notwendigkeit hierfür zu akzeptieren. Angesichts dieser grundsätzlichen Schwierigkeit schien es mir unmöglich, ihn auch noch zu einem größeren Ortswechsel bewegen zu können, daher gab ich mich damit zufrieden, ihn aus seinem eigenen Büro in einen Meetingraum im Nachbargebäude geladen zu haben, wo er erst einige Stunden zuvor das wöchentliche Statusmeeting mit seinem Vorgesetzten bei der Egoist AG hatte. Dieser Einladung kam er dann auch ohne Schwierigkeiten nach, denn es war nichts Ungewöhnliches, wenn er sich zu Meetings in dieses Gebäude begab. Wir stimmten das in Abbildung 9 dargestellte Setting ab.

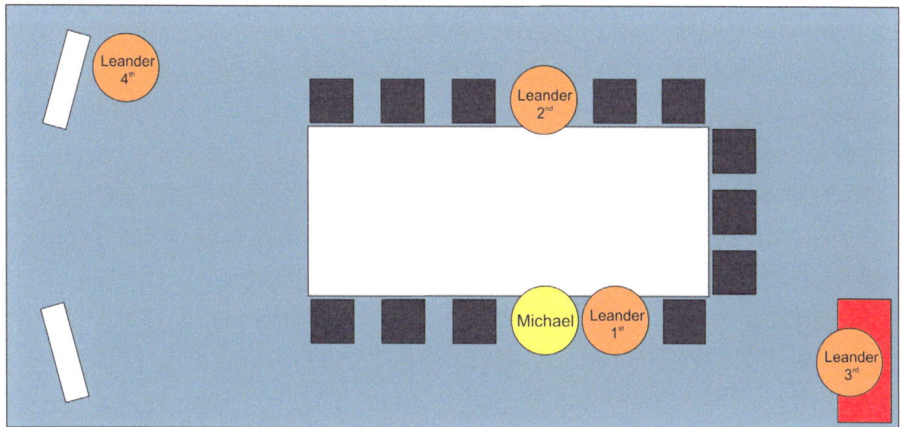

Abbildung 9: Setting im Meetingraum

Die Aufbauphase mit Leander verlief dann letztlich ohne größere Probleme. Ich bat ihn, sich die Situation einige Stunden zuvor vorzustellen, als er seinem Vorgesetzten den wöchentlichen Statusreport vorgestellt hatte. Nach einigen Diskussionen über Sinn und Zweck dieses Vorgehens ließ er sich schließlich aus Neugier doch darauf ein und wir begannen mit einer kurzen Schilderung der Situation aus der 1st position. Es stellte sich hierbei heraus, dass die Sitzung für ihn nicht besonders erfreulich verlaufen war, es hatte einige Verzögerungen gegeben, die er zu vertreten hatte, da er ein anderes Projekt höher priorisiert hatte, als dies von Voxacom geplant war. Er fühlte sich von Gordi falsch verstanden bzw. dieser hatte seiner Meinung nach gar nicht versucht, ihn zu verstehen, stattdessen hatte er ihn schlicht und einfach ermahnt, dass so etwas nicht noch einmal vorkommen dürfe.

Im Anschluss prüfte ich die 3rd position ab und bat Leander, sich vorzustellen, er hätte die beschriebene Szene auf dem roten Sofa in der Ecke sitzend beobachtet. Auch dies gelang ihm auf Anhieb, er beschrieb sofort die Ereignisse und sprach dabei unmittelbar von Leander und Gordi und nicht von „Ich" und Gordi, er hatte also verinnerlicht, dass er in der 3rd position ein Beobachter ist, der auch Leander von außen sieht. Seine Gefühle in dieser Rolle waren eher kühl, er fand es etwas überzogen, dass Gordi Leander nicht richtig zu Wort kommen ließ.

Der nächste Schritt führte uns zur 2nd position, in der Leander sich die Situation mit den Augen von Gordi vorstellen sollte. Mit etwas ähnlicher Unterstützung, wie sie bei Charis zur Anwendung kam, gelang ihm dies nach einigen Minuten. Er schilderte zunächst die Situation nahezu spiegelbildlich zur Schilderung, die Leander in der 1st position gegeben hatte, interessant wurde es jedoch, als er seine Gefühle zum Ausdruck bringen sollte. Er schilderte auf der einen Seite Enttäuschung darüber, dass Leander die in ihn gesetzten Hoffnungen nicht erfüllt hatte und auf der anderen sogar Wut darüber, dass dies nicht das erste Ereignis dieser Art war. Es grämte ihn, dass er sich darauf eingelassen hatte, Alwin durch Leander abzulösen, da nun ständig Klagen seitens Voxacom auf ihn zukamen. Nachdem Leander die 2nd position verlassen hatte, wirkte er etwas nervös und verunsichert, daher ließ ich ihn zunächst einen Kaffee trinken, um sich abzulenken.

Zum Abschluss bat ich Leander, sich in die 4th position zu begeben, physisch hatten wir dafür einen Platz am anderen Ende des Raums bei den Flipcharts ausgewählt und Leander sollte sich das System nun von außen ansehen. Nach einigen einführenden Erklärungen gelang ihm dies nun ebenfalls ohne allzu große Anstrengung. Er beschrieb die Situation und als er begann, mit der Zeit herumzuexperimentieren, kam er zu der Erkenntnis, dass sich das Verhältnis zwischen Gordi und Leander in den letzten Monaten zunehmend verschlechtert hatte, da es immer wieder zu ähnlichen Vorfällen gekommen war. Letztlich beurteilte er die Konstellation als passend, aber Leander müsste dringend etwas unternehmen, um Gordi wieder von seinen Fähigkeiten zu überzeugen.

Nach Abschluss der Übungen unterhielt ich mich noch einige Minuten mit Leander bei einem Kaffee und er bedankte sich für die interessanten Erkenntnisse, die er an diesem Nachmittag gewinnen konnte. Er sagte mir zu, einige Male mit den vier Wahrnehmungspositionen zu üben und verabschiedete sich dann wieder Richtung Nebengebäude.

c. Mian

Die mit Mian durchgeführte Aufbauphase wird hier nicht näher geschildert, sie fand aufgrund von zeitlichen Faktoren ebenfalls in einem Meetingraum bei Voxacom statt. Ich bat Mian, sich eine Situation aus einem Rockkonzert vorzustellen. Ablauf und Ergebnis gestalteten sich dann ähnlich wie in der Aufbauphase, die mit Charis durchgeführt worden war.

d. Resultat der Aufbauphase

Nach Abschluss der Aufbauphase verfügten nun alle drei Teilnehmer über postkonventionelle Erfahrungen mit den vier Wahrnehmungspositionen. Sie hatten die jeweilige Situation selbst aus all diesen vier Perspektiven erfahren. Damit waren sie nun mit dem notwendigen Handwerkszeug ausgestattet, um im weiteren Verlauf des Verfahrens immer wieder die Perspektive der anderen Beteiligten sowie deren Interessen berücksichtigen zu können. Sie hatten nun Mittel, um sich eine Konfliktlösung auf der Basis von Interessen erschließen zu können.

4. Einzelgespräche, Analyse der Positionen und Herausarbeiten der Motive und Interessen

Nun standen also die ersten Einzelgespräche nach der Aufbauphase an. Ich hatte mir hierzu folgende Vorgehensweise überlegt:

- Zunächst wollte ich die hinter den Positionen liegenden Interessen und Motive erforschen, denn für Konflikte auf der logischen Ebene der Positionen (2. Ebene) kann die Lösung nicht auf der gleichen Ebene, sondern nur auf einer höheren Ebene und somit auf der Ebene der Interessen (4. Ebene) erfolgen[139].

- Bei der Erforschung der Interessen wollte ich mich schwerpunktmäßig an den neun Leitwerten[140] orientieren. Diese neun Leitwerte sind es, die unser Handeln bestimmen, wobei anzumerken ist, dass sie zwar nie in Reinform auftreten wer-

---

[139] Zum Modell der logischen Ebenen siehe Schweizer in *Ponschab/Schweizer*, Schlüsselqualifikationen, S. 35ff., s.a. *Dilts*, Veränderung, S. 69 (Abbildung 11), S. 72ff., S. 145 (Abbildung 17), S. 219ff.; siehe auch Anhang D.
[140] Zu den neun Leitwerten siehe Schweizer in *Ponschab/Schweizer*, Schlüsselqualifikationen, S. 37ff.; siehe auch Anhang E/F.

den, es aber doch stets einen dominierenden Leitwert gibt, der sich im Handeln einer Person widerspiegelt.

Ich hatte mich zudem entschlossen, in der gleichen Reihenfolge wie bei den Vorgesprächen vorzugehen.

a. Charis

Bei einem weiteren Treffen, diesmal bei Starbucks, sollte Charis nun die Interessen erarbeiten, die hinter ihren Positionen lagen, wozu ich jede ihrer Positionen hinterfragte. Ich will dieses Vorgehen hier kurz an zwei der Positionen als Beispiel darstellen, bei den anderen Positionen bzw. den anderen Beteiligten werde ich mich dann auf eine kurze Zusammenfassung der Ergebnisse beschränken.

aa. Einsatz bei Voxacom – Arbeitsplatz

Ich fragte Charis, was denn ihr eigentliches Interesse hinter ihrem Wunsch sei, bei Voxacom zu bleiben und inwiefern das mit ihrem Arbeitsplatz in Verbindung stehen würde, denn schließlich habe Egoist auch noch andere Kunden. Ihr Arbeitsplatz könne daher ja nicht von dem Einsatz bei Voxacom abhängig sein, genauso wenig, wie ihr Einsatz bei Voxacom von Egoist abhängig sein könnte, schließlich habe sie den Auftrag mitgebracht und es gäbe auch noch andere Möglichkeiten, bei Voxacom mittels anderer Unternehmen als Angestellte oder als Freiberuflerin tätig zu sein. Auch die damit verbundenen Vorteile und Nachteile erwähnte ich nochmal, obwohl ich mit Charis schon häufiger über dieses Thema gesprochen hatte.

Wie sich bereits bei der Analyse der hier beteiligten [W]Meme gezeigt hatte, war **grüne** Harmonie hier die dominierende Kraft im Hintergrund, verbunden mit der Beimischung eines Sicherheitsbedürfnisses, das von **purpurfarbigen** und **orangefarbenen** Ängsten induziert war.

Ich fragte sie daher: „Sag mal, Chari, was ist dir eigentlich so wichtig daran, unbedingt hier bei Voxacom zu bleiben und gleichzeitig auch noch den Stress im Egoist Team hinzunehmen, wo du doch auch auf anderem Wege zu Voxacom kommen könntest?"

„Ich will einfach das machen, was ich die letzten Jahre gemacht habe und zwar mit den gleichen Leuten und ich will auch keinen Streit mit meiner Firma vom Zaun brechen, das gibt nur Ärger!"

„Nun gut, aber lohnt es sich wirklich für dich, dafür diese ganzen Probleme mit Leander in Kauf zu nehmen?"

„Daran möchte ich ja schon etwas ändern. Und deswegen machen wir das hier doch auch, oder?"

„Natürlich machen wir das deshalb. Mir ist es jetzt aber wichtig, dein dich antreibendes Interesse hierfür zu erkunden. Erst dachte ich, es ginge dir um Sicherheit, aber inzwischen denke ich, dass es dir darum geht in dem von früher gewohnten und geschätzten **harmonischen** Umfeld arbeiten zu können. Meinst du, dass das so passen könnte?"

„Ja, das ist mir schon sehr wichtig, dass es wieder so wird wie früher, das war so toll damals."

Damit hatte ich erkannt, dass es Charis in diesem Punkt in erster Linie um **Harmonie** ging.

bb. Reine Testerin ohne Zusatzaufgaben

Was war nun der Grund, dass Charis keine höherwertigen Aufgaben wahrnehmen wollte, sondern sie vielmehr besonderen Wert darauf legte, ausschließlich reine Testaufgaben auszuführen? Schließlich könnte sie bei Voxacom relativ problemlos Erfahrungen in höherer Position sammeln, da sie aufgrund ihres guten Rufes und des guten Verhältnisses zu den Kollegen nicht Gefahr liefe, beim ersten Fehler anzuecken, im Gegenteil. Sie könnte mit der Unterstützung der Kollegen rechnen und somit Voxacom nutzen, um sich möglichst sanft in ein erweitertes Aufgabenspektrum einzuarbeiten.

Hier hatten die [W]Meme in eine **purpurfarbige/rote** Richtung gewiesen, die zum einen von einem Bedürfnis an Sicherheit, zum anderen von dem Verlangen zeugte, dass zu machen, was ihr Spaß macht.

„Warum ist es für dich eigentlich so schlimm, auch andere Dinge zu machen, außer zu testen? Du bist doch schon so lange hier dabei, da wäre es wirklich Zeit, mehr Verantwortung zu übernehmen."

„Nee, ich bin Testerin und dabei bleibt es! Diese stundenlangen Meetings bringen doch eh nix und sind superlangweilig, da suche ich lieber noch ein paar Fehler beim Testen."

„Nun gut, besonders spannend sind die Meetings nun nicht, aber sie bringen schon etwas und außerdem willst du nicht bis zur Rente Testerin bleiben, oder?"

„Warum nicht, da hab ich meinen Spaß, wieso sollte ich also etwas anderes machen?"

„Weil es deinen Marktwert erhöhen würde und du könntest deinen Job sicherer machen."

„Darum mach ich mir jetzt aber keine Sorgen, ich will das machen, was mir Spaß macht und außerdem bin ich mit meinem Marktwert zufrieden."

„Wenn das so ist, geht es dir also zurzeit um **Intensität**, du willst jetzt Spaß haben bei dem, was du tust!"

„Genau!!!"

Damit hatte ich erkannt, dass Charis auch von dem Leitwert **Intensität** angetrieben wurde.

Die Betrachtung und Diskussion ihrer anderen Positionen ließ auch noch **Freiheit** und **Integrität** als Motivatoren erkennen, im Ergebnis kamen wir jedoch dazu, dass Charis in der aktuellen Situation vorrangig von **Intensität** angetrieben war. Sie mochte es, nach Fehlern in ihren Testobjekten zu suchen und sich später aktiv in den Lösungsprozess einzubringen, sie hatte Spaß daran und Spaß war, was sie aktuell am meisten wollte und vielleicht auch brauchte.

b. Ture

Bei Ture zeigten sich Motive wie **Fürsorge** – er wollte nicht, dass seine Kollegen im Stau stehen müssen –, **Freiheit** – in Bezug auf die Pausenregelung –, aber auch von **Sicherheit**, wenn er wieder eine Expertenrolle einnehmen könnte. Dominierend war bei ihm jedoch das Verlangen nach **Harmonie**, er wollte, dass sich alle so wohlfühlten, wie es früher der Fall war und nahm sich selbst bei alldem nicht so wichtig.

c. Mian

Auch bei Mian zeigten sich Bedürfnisse nach **Harmonie** in Bezug auf die „alten Hasen" und nach **Integrität** und **Sicherheit**, wenn es um das „Projekthopping" ging. Im Vordergrund stand jedoch für ihn seine **Freiheit**, daher konnte er die neuen Regelungen zu den Arbeits- und Pausenzeit nicht ohne Weiteres akzeptieren. Er wollte sich seinen Arbeitstag so einteilen, wie er wollte, dieses kleine Quäntchen Unabhängigkeit war für ihn von entscheidender Bedeutung.

d. Leander

Bei Leander zeigten sich nun Anteile von **Macht** für den Fall, dass es notwendig werden würde, seine neuen Regelungen durchsetzen zu müssen, wenn sie nicht befolgt würden. **Integrität** in Hinblick auf seine Teamkonzeption und auch **Sicherheit** hinsichtlich der Qualität der Arbeitsergebnisse waren ihm wichtig. Dominiert wurde all dies jedoch von seinem Streben nach **Anerkennung**, er war bereit, alles zu tun, damit er für die Leistungen, die sein Team unter seiner Führung vollbringen würde, gelobt würde. Positives Feedback war ihm sehr wichtig, er schien sich darüber zu definieren.

e. Resultat der Einzelgespräche

Nachdem wir nun die beherrschenden Leitwerte aller Beteiligten herausgearbeitet hatten, müsste es in dem nächsten Schritt darum gehen, Lösungsoptionen zu entwickeln und ich war schon gespannt, welche Überraschungen mir hier Charis' **Intensität**, Tures **Harmonie**, Mians **Freiheit** und Leanders **Anerkennung** bescheren würden.

5. Aufbau von Verständnis für die anderen Positionen und Motive durch Rollentausch und die Entwicklung von Lösungsoptionen

Nach dem Einfügen der Aufbauphase traten in dieser Phase nun in der Tat keine größeren Schwierigkeiten mehr auf. Mit Erlaubnis aller Beteiligten stellte ich jedem die Positionen und Interessen der anderen vor und bat sie dann, sich die aktuelle Konfliktsituation zunächst nochmals aus der 1st position, dann aus der 2nd position – und zwar für alle anderen drei Beteiligten – zu betrachten. Dies zeigte stets eine große Wirkung, da die Beteiligten so einen Einblick in die Gefühlswelt der anderen erlangten. Im Anschluss sollten sie aus der 3rd position heraus die jeweiligen Zweierbeziehungen und die Teambeziehung schildern und zum Abschluss aus der 4th position das funktionelle Passen des Systems „Team" sowie das funktionelle „Passen" des Systems „Team" in das System „Testline" und das System „Voxacom" beurteilen.

Nachdem dies geschehen war, bekamen die Beteiligten jeweils eine halbe Stunde Zeit, um Lösungsoptionen zu entwickeln, die Ergebnisse sollen nun in Stichpunkten vorgestellt werden.

a. Charis

- Charis nimmt ausschließlich die Aufgaben einer Testerin war.
- Es erfolgt eine langfristige Projektplanung auf Monatsbasis, Charis wird dabei im Schwerpunkt für Multimediaprojekte eingeplant.
- Abschaffung der Kernarbeitszeiten oder zumindest eine flexiblere Ausgestaltung, die ihrem Sonderfall (angestrebte Arbeitszeit 7-16 Uhr) Rechnung trägt.
- Rückkehr zur voll flexiblen Pausenregelung.

b. Ture

- Flexiblere Kernarbeitszeitenregelung, die Sonderfälle berücksichtigt.
- Lockerung der Pausenregelung.
- Wiedereinführung von Applikationsexperten und dauerhafte Festlegung dieser Rollen.
- Dauerhaft ein gemeinsames Büro für die „alten Hasen".

c. Mian

- Rückkehr zum alten, voll variablen Arbeitszeitmodell.
- Langfristiger Projektverteilungsplan, mindestens auf Monatsbasis.
- Regelung des gegenseitigen Miteinanders, Umgangston.
- Langfristige Raumverteilung und ein Büro für das alte Team.

d. Leander

- Bestehenbleiben einer evtl. modifizierten Kernarbeitszeitregelung.
- Verlängerung der Mittagspause bei fester Pausenzeit.
- Bereitschaft, sich bei Zuweisung einer grundsätzlichen Expertenrolle in alle Themen einzuarbeiten.

- Bereitschaft, flexibel auf Änderungen in der Projektpriorisierung bei einer grundsätzlichen Planung auf Wochenbasis zu reagieren.

6. Finden einer gemeinsamen Lösung für die Zukunft

Nachdem nun auch die Lösungsoptionen der Beteiligten vorlagen, ging es darum, eine gemeinsame Lösung zu finden. Daher lud ich nun alle vier Beteiligten zu einem gemeinsamen Meeting ein. Die jeweiligen Positionen hatte ich auf vier Flipcharts geschrieben und ein weiteres, leeres Flipchart stand in der Mitte und wartete darauf, dass sich die gemeinsame Lösung auf ihm manifestieren würde.

Da sich die Stimmung zwischen den Beteiligten im Verlauf der bisherigen Phasen bereits merklich entspannt hatte, kam es zu einer ruhigen Diskussion der Lösungsvorschläge unter meiner Moderation. Nach einer guten Stunde waren alle Punkte besprochen und ich konnte die von allen akzeptierte Lösung auf dem Flipchart niederschreiben:

- Anstelle einer täglichen Projektzuweisung erfolgt diese auf Wochenbasis, sofern möglich, auch auf einer längeren Basis.
- Die Kernarbeitszeit wird auf 9-15 Uhr festgelegt, die Gleitzeit auf 6-18 Uhr. Um sicherzustellen, dass außerhalb der Kernarbeitszeiten stets 50 % des Teams anwesend sind, erfolgt eine gemeinsame Planung der Inanspruchnahme der Gleitzeiten auf Wochenbasis.
- Einführung von Expertenrollen. Jeder übernimmt wieder die ursprünglichen Expertenrollen, da dadurch das alte Knowhow am besten bewahrt werden kann. Jeder bildet sich selbstständig in seinem Expertenbereich weiter und erhält schwerpunktmäßig Projekte aus diesem Bereich. Jeder erklärt sich bereit, sich auch in mindestens fünf andere Teilgebiete grundlegend einzuarbeiten sowie andere in sein Fachgebiet einzuarbeiten. Bei kurzfristigen Eilaufträgen oder Ausfällen ist jeder bereit, andere Bereiche zu unterstützen.
- Die Aufgaben Tester, Testkoordinator usw. werden dauerhaft vergeben, es gibt grundsätzlich keine Mischfunktionen. Jeder bildet sich im erforderlichen Umfang fort, um im Falle eines Ausfalls oder eines Eilauftrages vorübergehend auch in einer anderen Funktion tätig sein zu können.
- Es gibt eine dauerhafte Raumverteilung, die drei „alten Hasen" erhalten dabei ein gemeinsames Büro nur für sich. Sie sind jedoch bereit, zur Ausbildung und Unter-

stützung jederzeit andere, neue Teammitglieder in ihrem Büro vorübergehend aufzunehmen.

7. Überprüfung der Qualität und Nachhaltigkeit der Lösung mittels AQAL

Bei der Überprüfung kam das unter C.III. vorgestellte Modell von Adrian Schweizer zum Einsatz. Nachdem alle vier Beteiligten die gemeinsame Lösung unter Anwendung der vier Wahrnehmungspositionen auf ihre Wahrhaftigkeit, Angemessenheit, Wahrheit und auf funktionelles Passen geprüft hatten – ohne das es zu Indifferenzen gekommen war –, beendete ich das Verfahren. Hierzu ließ ich alle vier symbolisch auf dem Flipchart mit der Lösung unterschreiben und beglückwünschte im Anschluss alle vier, dass sie zu dieser Vereinbarung für die weitere Zusammenarbeit in der Egoist Testline gekommen waren. Zur Feier des Tages lud ich alle vier zum Mittagessen bei einem der vielen Spanier in der Schneider-Wibbel-Gasse ein.

iv. Regelmäßige Erfolgskontrolle der Konfliktlösung

Dadurch bedingt, dass ich selbst bei Voxacom tätig war, konnte ich den weiteren Entwicklungsprozess in den nächsten Monaten aus erster Hand verfolgen und in der Tat erwies sich die gefundene Lösung als nachhaltig, die Stimmung besserte sich zunehmend und dies spiegelte sich auch in der persönlichen Zufriedenheit der Beteiligten wider, wie ich aus zahlreichen persönlichen Gesprächen erfahren konnte. Auch heute, nachdem ich das Projekt bei Voxacom verlassen habe, stehe ich mit Charis in losem Kontakt und weiß aus ihren Schilderungen, dass es nicht wieder zu größeren Problemen in der Testline gekommen ist, die nicht durch ein klärendes Teammeeting aus der Welt geschafft werden konnten.

V. Resümee

Das vorgestellte Verfahren schildert den Einsatz von ISA im Rahmen einer Mediation eines Teamkonfliktes. Es zeigt den Vorteil, den der Einsatz von Spiral Dynamics in Verbindung mit einer an den Analyseergebnissen ausgerichteten Aufbauphase zu Beginn einer Mediation bietet. Bedingt durch diese intensiven ersten Phasen gestaltete sich der weitere Weg durchaus weniger steinig, als es zu erwarten gewesen wäre. So wurde der Rollentausch von den Beteiligten unter Anwendung der vier Wahrnehmungspositionen viel intensiver erlebt, als dies in einem herkömmlichen Verfahren der Fall gewesen wäre. Dieser von allen erlebte „Moment der Erkenntnis", der jeden die Probleme der anderen mit allen fünf Sinnen erfahren ließ, führte letztlich dazu, dass die weiteren Phasen quasi wie von selbst abliefen und der Mediator de facto nur noch die Ernte seiner Arbeit aus den vorherigen Phasen einzufahren brauchte. Die abschließende Nachhaltigkeitsprüfung auf Basis von AQAL stellte zudem sicher, dass die gefundene Lösung den Teamkonflikt dauerhaft beilegte.

F. Schlussbemerkungen

Zum Abschluss soll nun noch ein Blick auf mögliche Pro- und Contra-Argumente, die Vor- und Nachteile, die mit ISA einhergehen sowie auf die möglicherweise damit verbundenen Risiken geworfen werden.

Das vorgestellte Verfahren ermöglicht es dem Mediator, auf Basis der Vorgespräche und der Positionen die Konfliktkompetenz der Medianten einzuschätzen. Auf Grundlage dieser Informationen kann er dann ggf. eine Aufbauphase mit den Medianten durchführen. Sicherlich besteht hier das Risiko einer Fehlbeurteilung der Konfliktkompetenz, wozu sich aber anmerken lässt, dass diese minimiert werden kann. Während eine fehlerhafte Negativprognose ohnehin unschädlich ist – in diesem Falle würde die Aufbauphase lediglich frühzeitig beendet, da dem Medianten, entgegen der Einschätzung des Mediators, bereits alle vier Wahrnehmungspositionen zur Verfügung stehen –, kann eine fehlerhafte Positivprognose dazu führen, dass es zu Schwierigkeiten in späteren Phasen kommt, sobald die fehlende Konfliktkompetenz hervortritt. Dieses Risiko kann der Mediator jedoch dadurch reduzieren, dass er im Zweifelsfall stets eine Aufbauphase durchführt, insbesondere Mediatoren, die über wenig Erfahrung mit dem Einsatz der vorgestellten Methodik verfügen, sei dazu geraten – auch zu Übungszwecken –, mit allen Medianten eine Aufbauphase durchzuführen. Der Verlauf der durchgeführten Aufbauphasen – fiel es den Medianten leicht oder schwer, die vier Wahrnehmungspositionen einzunehmen – bietet dem Mediator dann unmittelbares Feedback im Hinblick auf seine vorherige Einschätzung.

Durch den erfolgreichen Einsatz dieses Verfahrens gestaltet sich der weitere Verlauf der Mediation meist wesentlich problemloser, als dies sonst häufig der Fall ist, wodurch ISA zu einer Hilfestellung des Mediators während des gesamten Verfahrens wird. Ein weiterer Vorteil ist die Steigerung der Erfolgsquote, so werden zum einen späte Verfahrensabbrüche unwahrscheinlicher, zum anderen wird durch die Nachhaltigkeitsprüfung vermieden, dass die Parteien mit einer Lösung auseinandergehen, die nur auf den ersten Blick effektiv ist und es daher bereits nach kurzer Zeit zu einem neuen Ausbruch des Konfliktes kommt. Ein weiteres Plus für die Medianten besteht darin, dass sie mit den vier Wahrnehmungspositionen eine grundsätzliche Ausstattung mit einer Methodik erfahren, die sie auch außerhalb des aktuellen Mediationsverfahrens anwenden und nutzen können.

Nachteile lassen sich an diesem Verfahren nicht erkennen, es lässt sich aber festhalten, dass der Erfolg – wie in jedem Mediationsverfahren – von den Fähigkeiten und der Flexibilität des Mediators abhängt. Anzumerken ist allerdings, dass es trotzdem nicht das Risiko erhöht, dass ein Verfahren scheitert, da – wie bereits aufgezeigt – eine Fehleinschätzung, aber auch eine nicht erfolgreiche Anwendung nur dazu führen, dass sich die Konfliktkompetenz des Medianten nicht verbessert, während eine Verschlechterung nicht zu befürchten ist.

Abschließend ist daher festzustellen, dass der Einsatz der vorgestellten und auf ISA basierenden Methodik dem Mediator zusätzliche Wege eröffnet, um ein erfolgreiches Verfahren durchzuführen und um den Medianten zu helfen, eine nachhaltige Lösung zu erarbeiten, während konkrete Risiken einer Verschlechterung der Situation nicht zu erkennen sind.

Anhang A: Die unter http://www.humanemergence.org/germany-Dateien/spirale.gif abrufbare Grafik stellt das Emergieren der WMeme dar und verbindet dies mit Abbildungen, die insbesondere den Aspekt Sozialisation betrachten.

A

Spiral Dynamics model reprinted from "The Never-Ending Upward Quest," an interview with Dr. Don Beck by Jessica Roemischer in *What is Enlightenment?* magazine, Issue 22 Fall/Winter 2002 ©Moksha Press, all rights reserved. www.wie.org

Anhang B: Die unter http://www.indorphyn.com/tag/memes/ abrufbare Grafik gibt die acht ^WMeme wieder, nennt den Zeitpunkt ihres ersten Auftretens, das zentrale Thema sowie einige der wichtigsten Eigenschaften einer von diesem ^WMem dominierten Person.

Anhang C: Die unter http://www.loosetooth.com/Viscom/gf/spiral_dynamics.htm abrufbare Grafik stellt das Emergieren der [W]Meme dar und verbindet dies mit symbolischen Darstellungen der typischen Eigenschaften der jeweiligen Stufe.

Die logischen Ebenen der Veränderung[141]

nach

Robert Dilts / Gregory Bateson / Bertrand Russel / Alfred North Whitehead

Zugehörigkeit
mit wem? für wen?
Heimat, Lebensaufgabe, Mission, Dharma, Sinn
ich gehöre zu

Identität
Wer?
Rolle, Vision, Zweck
Ich bin

Beliefs, Werte, Motive
Warum?
Motivation, Interesse, Ziel
Ich glaube, ich will

Fähigkeiten
Wie?
Strategie
Ich kann

Verhalten
Was?
Aktion
Ich agiere

Umwelt
Wo? Wann?
Reaktion
Ich reagiere

Es gelten 2 Gesetze: 1.) Die obere Ebene bestimmt die untere Ebene.

2.) Ein Problem kann nicht auf derselben Ebene gelöst werden, auf der es entstanden ist. (Albert Einstein)

---

[141] Nach Schweizer in *Ponschab/Schweizer*, Schlüsselqualifikationen, S. 36.

D

Die neun Leitwerte nach Adrian Schweizer[142]:

Leit-wert	Rolle	Kern-wunsch	Kernangst	Denkkategorie	Wie mit ihm umgehen
Freiheit	Der Unabhängige	"Ich will machen, was ich will!"	„Immer bekommen die Anderen das, was ich möchte!"	Zukunftsorientiert Lösungsorientiert Denkt in großen Einheiten Tut, was er will Liebt das Neue	Hilf ihm, sich selbst zu verwirklichen!
Sicherheit	Der Beamte	"Ich darf keine Fehler machen!"	„Wenn ich nicht auf alles vorbereitet bin, geht es schief!"	Vergangenheitsorientiert Problemorientiert Denkt in kleinen Einheiten Tut, was andere von ihm verlangen Liebt das, was er schon kennt	Sorge dafür, dass ihn nichts bedroht!
Anerkennung	Der Künstler	"Sag mir, dass ich gut bin!"	„Ich werde nur für meine Leistungen geliebt!"	Vergangenheitsorientiert Verwandelt Probleme in Lösungen Denkt in großen und kleinen Einheiten Tut, was andere von ihm verlangen Liebt, was er schon kennt	Sag ihm, wie gut er ist!
Macht	Der Politiker	„Ich möchte, dass du das tust"	„Ich werde betrogen, deshalb muss ich alles unter Kontrolle haben!"	Vergangenheit / Gegenwart / Zukunft Lösungsorientiert Denkt in großen Einheiten Tut, was er und andere wollen Liebt das Neue und das, was er schon kennt	Besiege ihn oder verbünde dich mit ihm!
Harmonie	Der Vermittler	„Ich möchte, dass sich jetzt alle gut fühlen!"	„Ich bin nicht wichtig!"	Gegenwartsorientiert Vermeidet Probleme Denkt in großen Einheiten Tut, das, was andere wollen Liebt das, was er schon kennt	Hilf ihm dafür zu sorgen, dass sich alle wohlfühlen!

[142] Nach Schweizer in *Ponschab/Schweizer*, Schlüsselqualifikationen, S. 37ff.

E

Intensität	Der Abenteurer	„Ich will jetzt Spaß haben!"	„Niemand sorgt für mich!"	Gegenwartsorientiert Sucht aktiv nach Problemen, um bei Lösungsversuchen Spaß zu haben Große und kleine Einheit Tut, was er will Polarity responder	Widersprich ihm! (Er wird es mögen!)
Integrität	Der Priester	"Ich will nach meinem eigenen Lebensplan leben und handeln!"	„Wenn ich nicht perfekt bin, kann ich nicht bestehen!"	Zukunftsorientiert Lösungsorientiert Denkt in großen Einheiten, wenn es ihn selbst betrifft; in kleinen, wenn es um andere geht Tut, was er will Liebt das, was er schon kennt	Lass ihn in Ruhe!
Fürsorge	Der Sozialarbeiter	"Wo kann ich helfen?"	„Ich bin nur etwas wert, wenn ich mich für andere aufopfere!"	Gegenwartsorientiert Lösungsorientiert Denkt in kleinen Einheiten Tut das, was andere von ihm verlangen Liebt das, was er schon kennt	Unterstütze ihn dabei, anderen zu helfen!
Neugier	Der Wissenschaftler	"Wie funktioniert das genau?"	„Ich bin unfähig und nutzlos!"	Untersucht die Vergangenheit, um die Zukunft zu gestalten Lösungsorientiert Denkt in kleinen Einheiten Tut, was er will Liebt das Neue	Bitte ihn um Hilfe bei der Lösung deiner Probleme!

F

Meta-Modell des Fragens[143]:

Die von Bandler/Grinder entwickelten Metafragen können in allen Phasen verwendet werden. Sie dienen dazu herauszufinden, was die Medianten genau meinen:

Nominalisierungen verwandeln
"Sie kriegt zu wenig Anerkennung."
Wovon genau kriegt sie zu wenig?

Unbestimmte Verben konkretisieren
"Er weiß es!"
Wie genau kommt er dazu, es zu wissen? Was genau weiß er?

Fehlende Beziehungen herstellen/unbestimmten Inhaltsbezug klären
"Das kann man leicht lernen!"
Was genau kann man leicht lernen?

Tilgungen/Löschungen ergänzen
"Ich weiß, dass er interessiert ist."
Woran genau ist er interessiert?

Vergleiche ersichtlich machen
"Dieses Angebot ist besser!"
Besser als was? Verglichen womit?

Verallgemeinerungen auflösen
"Er hat noch nie etwas richtig gemacht!"
Wirklich nie? Gab es nicht einen einzigen Fall, in dem er irgendwann irgendetwas richtig gemacht hat?

Möglichkeiten erweitern
„Ich kann es nicht machen!"
Was würde passieren, wenn Sie es könnten?
Was hindert Sie daran, es zu tun?

Ursache-Wirkungskreise offenlegen
„Ich bin sauer, weil er nicht bezahlt hat!"
Wie genau löst das Nichtbezahlen dieses Gefühl aus?

Gedanken lesen
"Das sollte er doch wissen?"
Wie kommen Sie dazu zu wissen, dass er es wissen sollte?

Generalisierungen klären, verlorene Zitate wiederfinden
"So muss es gemacht werden!"
Wer sagt das?

---

[143] Nach Schweizer in *Ponschab/Schweizer*, Schlüsselqualifikationen, S. 30.

G